Thea

Hexenrezepte

Heilsame Rezepturen gegen Liebeskummer und Ängste.
Stärkungselixiere für Gesundheit und Erfolg

Südwest

Inhalt

Liebesgerichte sind die Spezialitäten in der Hexenküche.

Hexen hexen am besten mit vielen magischen Kräutern.

Zauberhafte Rezepte

Wenn es um Hexen und Magie geht, dann denken die meisten Menschen an eine schwarz gewandete Frau mit großer höckriger Nase. Sie steht im Wald, rührt in ihrem großen Zauberkessel und beschwört die Geister. So sind die Hexen aus der Literatur bekannt, denken Sie nur an Shakespeares Hexen in »Macbeth«.

In diesem Buch geht es nun jedoch um all die kleinen Zaubereien, die Sie ohne viel Aufwand in der eigenen Küche vollbringen können. In unserer heutigen schnelllebigen Zeit haben viele ganz vergessen, wie Nahrungsmittel, Kräuter und Gewürze wirken. Essen stillt nicht nur den Hunger, es versetzt auch in Stimmungen und wirkt auf das Gehirn. In allen gesammelten Rezepten finden Sie das alte Wissen von Hexen um die Wirkung verschiedener Inhaltsstoffe.

Liebe geht durch den Magen

Wie können Sie Ihren Liebsten mal so richtig verführen? Sicherlich reicht es nicht aus, einfach nur das entsprechende »Liebes«-Gericht zuzubereiten, den richtigen »Liebes«-Tee zu kochen oder ein neues aufregendes Parfum aufzulegen.

Wenn Sie all dies lustlos oder voller Langeweile, Angst oder Wut tun, dann arbeiten Sie diese Gefühle mit hinein. Selbst das erotischste Gericht kann nicht wirken, wenn Sie beim Kochen ständig an Ihre Steuererklärung oder den Stress im Büro denken. Stellen Sie sich lieber vor, wie Sie in verführerischen Dessous vor ihm stehen und gerade noch genüsslich den letzten Bissen vom Dessert auf Ihrer Zunge zergehen lassen.

Verführung à la carte: Wenn Hexen ihren Liebsten oder einen anderen Menschen zu etwas verführen wollen, dann benutzen sie hierfür alle Sinne. Den stärksten Erfolg gibt es bei Mahlzeiten.

Essen macht glücklich, das wissen nicht nur Hexen. Lassen Sie sich von der Wirkung der magischen Hexenrezepte überraschen.

Wie Sie die richtige Stimmung schaffen

Wenn Sie aber so ganz und gar nicht in der Stimmung sind, mit Liebe und Geduld zu kochen, dann behelfen Sie sich eben mit ein paar kleinen Tricks, um eine kreative und positive Stimmung zu schaffen:

Bei einem Liebesmahl wirken alle Sinne zusammen: Mit der richtigen Kombination von Geschmack, Duft, Licht und Farben schaffen Sie eine günstige Atmosphäre für Ihre Absichten.

▶ Legen Sie eine schöne, angenehme Musik auf.

▶ Geben Sie ein paar Tropfen Liebstöckelöl in die Duftlampe.

▶ Legen Sie sich einige Minuten entspannt hin.

▶ Schließen Sie die Augen.

▶ Stellen Sie sich den gedeckten Tisch vor, so wie Sie ihn gerne hätten.

▶ Stellen Sie sich weiterhin vor, wie die Speisen, die Sie kochen möchten, schon fertig und wunderschön angerichtet auf dem Tisch stehen.

▶ Visualisieren Sie die Gäste des Abends, seien es alle Ihre Lieben um Sie herum oder auch der eine, speziell für heute eingeladene Gast.

▶ Empfinden Sie die Freude und den Appetit, den Ihre Gäste bzw. Ihr Gast entwickeln.

Sie werden sehen, mit solch einfachen Tricks gelingt es Ihnen, alle negativen Emotionen zu vertreiben. Sie stürzen sich mit Eifer und Vorfreude in die Küche.

Wichtig – die Mondstellung

Achten Sie bei der Auswahl der Speisen und der damit verbundenen Absicht auch darauf, wie der Mond steht:

▶ Bei zunehmendem Mond sollten Sie beispielsweise auf Hülsenfrüchte verzichten, da diese Mondphase deren blähungsfördernde Wirkung verstärkt.

▶ Bei abnehmendem Mond dürfen Sie Hülsenfrüchte gerne servieren, ebenso wie alle anderen verdauungsfördernden Speisen.

In dieser Zeit ist alles gut, was den Körper reinigt und den Kreislauf anregt.

▶ Für spezielle Liebesdinner oder ein kräftiges Erfolgsmahl sollten Sie einen Tag bei zunehmendem Mond wählen. Besonders, wenn der zunehmende Mond im Stier oder im Löwen steht, wirken kulinarische Genüsse besonders intensiv.

Tischkultur vom Feinsten

Nicht nur das Menü selbst, auch das Getränk und die Gestaltung des Tischs sind entscheidend für den Erfolg des Abends. Als Getränk empfiehlt sich ohne Zweifel Champagner. Falls Sie zur Zeit keine preiswerte Bezugsquelle kennen, dann sollten Sie auf einen leichten, trockenen Wein ausweichen. Wählen Sie Ihr schönstes Geschirr, gleichgültig ob es von Ikea oder einem edlen Servicehersteller kommt. Grelle und stark farbige Dekors sollten Sie nach Möglichkeit meiden.

Ihr Ziel bei einem Dinner lautet: Fesseln Sie Ihr »Opfer«. Natürlich nicht buchstäblich mit Seilen, sondern mit sinnlichen Attraktionen. Eines der wirksamsten Hilfsmittel ist und bleibt der klassische Champagner. Mit diesem Getränk sichern Sie sich die Aufmerksamkeit Ihres Gasts garantiert.

Den richtigen Tischschmuck wählen

● Schmücken Sie den Tisch mit roten Kerzen, am besten viele Kerzen in einzelnen Leuchtern.

● Legen Sie rote Servietten auf.

● Streuen Sie getrocknete Orangenscheiben über den Tisch. Sie verbreiten einen angenehmen Geruch.

● Schneiden Sie aus rotem Krepp (oder rotem Karton) kleine Figuren, z. B. zwei rote Herzen, einen Anker und zwei rote sechseckige Sterne.

● Auch diese werden auf dem Tisch drapiert.

● Legen Sie rote Rosen auf dem Tisch aus. Es können frische oder auch getrocknete Rosenblüten sein.

● Zünden Sie Sandelholzräucherstäbchen an. Dieser Geruch fördert die Lust und die Leidenschaft.

Wie Magie wirkt

Magie ist, durch den Geist glaubhaft zu erleben und durch die Kraft des Glaubens zu leben. Darum wirkt allein durch den Glauben die Magie. Sie wirkt weder durch Spaß noch durch Tollerei, sie wirkt weder durch Macht noch durch Besitzdenken. Sie wirkt durch den Glauben an die Unantastbarkeit der Liebe, beginnend in uns selbst.

Aber wer kennt schon die Liebe, wenn er fähig ist, unnötig ein Lebewesen zu töten. Wer kennt schon die Liebe, wenn er nicht den Rhythmus des Lebens und der Natur kennt. Deshalb gehe und lerne erst die Liebe kennen, bevor du glaubst und mit Magie arbeitest. Erst wenn du glaubst, verbreite den Samen der Liebe, dann darfst du das Erbe der Magie antreten.

Die Herkunft des Worts »Magie«

Das Wort »Magie« stammt aus dem Persischen. Im alten Persien wurden heilkundige Priester *magi* genannt. Die Kunst der Magie selbst ist jedoch wesentlich älter, sie gehört zu den ersten Fähigkeiten, die den Menschen zuteil wurden. Sie wurde als Kommunikation mit der Natur und dem Kosmos betrachtet.

Heute wird Magie gerne für Produktmarketing, für Produktnamen entfremdet. Das uns allen bekannte Suppengewürz »Maggi« beispielsweise wird unbewusst mit Magie assoziiert und macht regelrecht süchtig. In diesem Zusammenhang sei auch erwähnt, dass der Schokoriegel »Mars« seinen Namen deshalb hat, weil der Planet Mars in der Astrologie und in der Magie die Feuerenergie symbolisiert, also die reinste Power bezeichnet.

Magische Momente kommen in der Natur nur selten vor, z. B. eine totale Sonnenfinsternis. Sie selbst können solche Höhepunkte in einer Beziehung inszenieren, indem Sie einen großen Steigerungsbogen auf dem Höhepunkt kurz anhalten.

Die besonders magischen Stunden sind vom Lauf des Mondes abhängig, vom zu- und abnehmenden, vom auf- und absteigenden.

Die Welt als Vorstellung und Idee

Erklärungsversuche, wie und warum Magie wirkt, gibt es viele. Die großen Philosophen der Weltgeschichte haben sich ausgiebig mit diesem Thema beschäftigt. Platon beispielsweise prägte den Begriff der »Ideenwelt«. Alles, was wir als Materie wahrnehmen, musste vorher in dieser Ideenwelt existieren. Bevor Sie einen schönen Tisch oder ein Schmuckstück herstellen, müssen Sie sich erst genau vorstellen können, wie das Werk aussehen soll. Erst dann kann diese Idee realisiert werden. Mit diesem Ursprungsgedanken arbeitet auch die Magie. Um hier auf der Erde einen Wunsch zu materialisieren, müssen wir ihn erst imaginieren und ihn uns in allen Facetten genau vorstellen.

Die Kräfte der Natur

Hinzu kommt, dass in der Magie davon ausgegangen wird, dass die Naturkräfte und die Energien des Kosmos, speziell der Planeten, die dieses Sonnensystem mit uns teilen, Einfluss auf unser Leben, unsere Gedanken, unsere Gefühle und unseren Körper haben.

Deshalb ist es wichtig, bei magischen Ritualen alle Aspekte der Gedankenwelt, der Natur und der Gesetze des Kosmos zu berücksichtigen, um ein optimales Ergebnis zu erzielen. Dazu gehören beispielsweise:

▶ Der richtige Ritualzeitpunkt

▶ Das richtige magische Zubehör, um die entsprechenden kosmischen, göttlichen Kräfte anzusprechen

▶ Ein starker Wille sowie die Fähigkeit, sich das Wunschziel genau vorstellen zu können

Um auch die Kräfte unserer irdischen Natur anzusprechen und um Hilfe zu bitten, ist es sinnvoll, Rituale im Freien, möglichst an einem Kraftplatz abzuhalten, so wie

Horoskope beschreiben ziemlich genau den Einfluss der Sterne auf das Leben der Menschen. Sie nennen günstige und ungünstige Zeitpunkte für Aktionen und Handlungen sowie deren Erfolgschancen. Dasselbe gilt auch für Rituale: Hier sollte jeder auf einen günstigen (oder den günstigsten) Ritualzeitpunkt achten.

es vor uns schon die Druiden oder Priester und Priesterinnen der Göttin Diana taten. Wir haben dann die Möglichkeit, Bäumen und Steinen zuzuhören. Bäume geben uns ihre Stärke und ihren Schutz, Steine erzählen uns von ihren Erfahrungen, geben Ratschläge und ihre heilenden Energien weiter.

Tore zur anderen Welt

Bei den Vorstellungen von Magie möchte ich mich auf die alten magischen Künste unserer Kultur konzentrieren, vor allem auf die Überlieferungen aus der keltischen Mythologie. Hier kommt den Steinen besondere Bedeutung zu. Denken wir nur an die riesigen Steinmonumente, die Menhire und Dolmen, die in ganz Europa zu finden sind: in Frankreich, Großbritannien – etwa in Stonehenge –, in Irland und auch in Deutschland. An solchen Orten wurden von Wissenschaftlern veränderte elektromagnetische Felder gemessen, sie sind wie Inseln, die nicht zu dieser Welt gehören. Der Kontakt zur »anderen« Welt, der Welt der spirituellen Kräfte, ist hier besonders leicht möglich und auch für Menschen, deren spirituelle Sinne noch nicht voll ausgebildet sind, ein ergreifendes und formendes Erlebnis.

»Stargate« oder »Die unendliche Geschichte«: Viele Science-fiction-Filme oder Märchen beschäftigen sich mit den Toren (»Gateways«) zu anderen Realitäten. Dies gilt auch für zahlreiche religiöse Zeremonien und Initiationsriten.

Ein magisches Gesetz

»Wie oben, so unten«, lautet ein universelles Gesetz der Magie:
- Alles, was passiert, hat seine Auswirkungen, alles auf dieser Erde steht miteinander in Verbindung und bedingt sich gegenseitig.
- Was hier auf der Erde geschieht, hat eine Parallele in der ätherischen Welt und umgekehrt.

Wenn uns das bewusst ist, können wir anfangen, verantwortungsbewusst in der Magie zu handeln.

Verantwortung in der Magie

Magie, ob sie gut oder schlecht ausgeübt wird, zeigt immer eine Wirkung. Das Ziel jeden Rituals, jeder magischen Handlung ist es, etwas Bestimmtes zu erreichen, sei es eine bessere Gesundheit, spirituelles Wachstum, beruflichen Erfolg oder Liebe.

▶ Denken Sie immer daran, nur Positives für sich und andere erreichen zu wollen, sonst betreiben Sie schädliche schwarze Magie.

Wenn der Glaube nicht stark genug ist

Der Normalfall ist, dass mit Hilfe der Magie das gewünschte Ergebnis auch erreicht wird. Sollte aber irgend etwas nicht so funktionieren, wie Sie es sich vorgestellt haben, was ist passiert?

Die erste Möglichkeit ist, dass Sie das Ritual nicht mit festem Glauben durchgeführt haben:

▶ Erstes Gebot bei magischen Handlungen sind eiserne Disziplin und fester Wille.

▶ Prüfen Sie noch einmal, ob Sie richtig vorgegangen sind und Ihr Glaube an das Ziel stark genug ist.

Magie vollbringt keine Wunder

Die zweite Möglichkeit, warum die gewünschte Wirkung nicht einsetzt, könnte sein, dass Sie sich etwas wünschen, was selbst mit Magie nicht erreichbar ist.

Wenn Sie beispielsweise ein Liebesritual durchführen, um einen berühmten Schauspieler, Musiker oder Sportler an sich zu binden, der aber nicht einmal von Ihrer Existenz weiß, oder wenn Sie ein Ritual durchführen, um im Lotto zu gewinnen, aber gar keinen Lottoschein ausgefüllt haben, dann dürfen Sie sich wirklich nicht wundern, wenn es nicht funktioniert.

Der Kontakt zur »anderen Seite« der Realität ist davon abhängig, ob Sie ihn wirklich zulassen wollen. Wenn Sie es aber geschafft haben, mit dem »Anderen« in Kontakt zu treten, dann sollten Sie sich auch Ihrer Verantwortung bewusst sein. Denn jedes Handeln zieht Konsequenzen und Folgen nach sich.

Magie vermag zwar einiges zu bewegen, aber richtige Wunder bedürfen doch einer weitaus stärkeren magischen Energie:

▶ Versuchen Sie es erst einmal mit erreichbaren Zielen, indem Sie etwa ein allgemeines Liebesritual durchführen, um die große Liebe zu finden. Beschreiben Sie einfach, wie Ihr Traumpartner sein sollte, geben Sie aber keinen Namen an. Oder, was das Lottoritual betrifft, füllen Sie doch dazu einen Lottoschein aus!

Schaden Sie niemandem

Die dritte Möglichkeit des Misslingens ist die schlimmste. Ein Leitsatz in der Magie lautet: »Tue was Du willst, aber schade niemandem.« Wenn diese Regel missachtet wird, können sich ungeahnte Folgen einstellen. Hierzu einige Beispiele:

▶ Sie führen ein Liebesritual durch, um einen Partner zu bekommen, der seinerseits in einer glücklichen Beziehung mit einer anderen Person lebt. Sie zerstören oder stören dadurch diese Beziehung und fügen anderen Menschen Leid zu.

▶ Sie wünschen sich mehr beruflichen Erfolg und versuchen ihn zu erreichen, indem Sie ein Ritual durchführen, um Ihren größten Konkurrenten auszuschalten. In beiden Fällen könnten Sie zwar durchaus Erfolg mit Ihren Machenschaften haben, aber seien Sie versichert, die Retourkutsche kommt garantiert. Kein Mensch auf dieser Welt kann anderen Böses zufügen, ohne entweder in diesem Leben oder in einem der nächsten das Übel fünf- bis zehnfach zurückzubekommen. Meist folgt die Sanktion des Kosmos auf dem Fuße. Deshalb ist es unbedingt zu empfehlen, nachzudenken, ob man mit einem Ritual wirklich nur Gutes bewirken wird, oder ob ein Schaden in irgendeiner Form entstehen könnte.

Wenn Sie auf magischem Weg Ihr Ziel zu erreichen suchen, dann müssen Sie unbedingt die realen Voraussetzungen schaffen, damit dieses Ziel überhaupt realisiert werden kann. Denn wahre Wunder sind auch für Hexen äußerst selten.

Weiße und schwarze Magie

Dies ist das eigentliche Thema dieses Kapitels, die Verantwortung in der Magie. Der Übergang zwischen so genannter weißer und schwarzer Magie ist fließend. Jedes erdenkliche Ritual kann sowohl zu guten wie zu schlechten Zwecken ausgeführt werden, es liegt immer im Ermessen des Ausführenden.

Genauso, wie sich jedes Liebespaar darüber im Klaren sein muss, welche Verantwortung es übernimmt, wenn es ein Kind zeugt, so muss auch jeder magisch arbeitende Mensch vor der eigentlichen Durchführung ritueller Praktiken wissen, auf was er sich da einlässt. Nicht nur, dass entstehender Schaden auf den Ausführenden selbst zurückfällt, es ist schon schlimm genug, überhaupt in Erwägung zu ziehen, negative Energien und Ergebnisse zu provozieren.

Neid, Hass und Ärger sind schlechte Ratgeber – nicht nur für die Welt des Alltags, sondern noch viel mehr für die magische Welt. Suchen Sie erst Ihre innere Harmonie, damit die andere Welt in Ihnen überhaupt klingen kann.

Schadenszauber

Daher ist eine Grundvoraussetzung für magisches Arbeiten ein gesundes Verantwortungsgefühl. Gehen Sie immer mit einer inneren Ausgeglichenheit ans Werk, versuchen Sie, sich selbst, Ihre Motivation und die Auswirkungen möglichst objektiv zu betrachten. Gehen Sie niemals mit Hass- oder Wutgefühlen in ein Ritual. Notfalls, wenn Sie sich wirklich betrogen und hintergangen fühlen und diese Gefühle nicht mehr in den Griff bekommen, warten Sie mit dem Ritual, bis es Ihnen besser geht. Es gibt auch kleine Meditationsrituale, die bewirken, dass sich das innere Gleichgewicht wieder einstellt. Die Verantwortung in der Magie besteht also darin, die Wirkung eines Rituals vorher genau abzuwägen und es immer mit Liebe im Herzen und mit den besten Absichten auszuführen.

Magische Utensilien

Jede Hexe benutzt für ihre Arbeit verschiedene Geräte, Werkzeuge und Utensilien, die bei Beschwörungen, Ritualen und Zeremonien verwendet werden.

Die Gegenstände werden zum Teil selbst hergestellt, geweiht und zur Hilfe und zum Nutzen der Menschen eingesetzt. Es sind Hilfsmittel für die magisch-geistige Arbeit, für die Entwicklung und Förderung der inneren Fähigkeiten und Kräfte.

Einige der magischen Gegenstände werden Sie sicher schon zu Hause haben (z. B. Kerzen), andere sollten Sie sich besorgen, wenn Sie öfter magische Rituale durchführen möchten.

Auf den folgenden Seiten finden Sie einige der wichtigsten Utensilien für magische Rituale.

Altar

Der Altar sollte entweder aus Stein oder aus Weidenholz bestehen. Sie können auch einen kleinen Tisch wählen, der wieder weggeräumt werden kann.

Der Altar sollte aber doch so groß sein, dass auf seiner Platte die folgenden Gegenstände untergebracht werden können: drei Kerzenständer, Wasserschalen, Räucherbecken, die Hexenpyramide, Aromaschalen, zwei kleine irdene Schüsseln für Wasser und Erde sowie ein Kerzenlöscher.

Statue

Die Statue symbolisiert die große Göttin Diana. Ihr gebühren Respekt und Anerkennung. Vor der Göttin wird eine rote Rose in einer Vase mit frischem Wasser aufgestellt, um die Anerkennung ihr gegenüber zum Ausdruck zu bringen.

Als magischer Mensch sind Sie so etwas wie ein Instrument, auf dem die Melodien der anderen Seite erklingen. Ist dieses Instrument aber zerstört oder auch nur verstimmt, dann kann nur »Katzenmusik« erklingen. Versuchen Sie, in Harmonie mit der anderen Welt zu kommen, und vermeiden Sie unbedingt negative Gefühle.

Schwert

Das Schwert steht für das männliche Prinzip, das Element Luft. Mit dem Schwert werden symbolische oder physische Trennungen vollzogen.

Kelch

Während des Rituals werden Wünsche und Gedanken in diesem Kelch gehalten, der mit magnetisiertem Wasser gefüllt ist und das weibliche Prinzip verkörpert. Das Wasser wird danach auf die Orris-Wurzel geleert.

Magische Utensilien sind keine Garanten für den Erfolg, sondern dienen als Brennglas für Ihre eigene Energie. So wie sich Sonnenlicht im Brennglas zu Feuer konzentriert, so bündeln Utensilien Ihre magische Energie auf ein Ziel.

Orris-Wurzel

Die Liebeswurzel wird nach Beendigung des Rituals unter einem Früchte tragenden Baum begraben. Sie lässt die Liebe Wurzeln schlagen.

Edelsteine, Mineralien, Metalle

Edelsteine, aber auch zahlreiche Mineralien und edle Metalle speichern persönliche energetische Schwingungen, bündeln und bewahren kosmische Energien und Kräfte, behüten die Gesundheit und können zu Glück, Freude, Wohlstand und Segen verhelfen.

Magische Öle

Magische Öle werden häufig benutzt, um mit ihnen die Ritualkerzen einzuölen; sie werden aber auch als Aphrodisiakum und zur Meditation verwendet.

Sie können nun entweder auf fertige Ölmischungen zurückgreifen oder sich Ihre Öle selbst zusammenstellen (siehe Seite 89f.). Je sorgfältiger Sie das Öl für den jeweiligen Zweck aussuchen und zubereiten, umso stärkere Wirkung wird das Öl beim durchgeführten magischen Ritual entfalten.

Kräuter und Pflanzen

Zahlreiche Kräuter und Pflanzen sind sehr empfehlenswert für Tees, für Räucherungen, zur Stärkung der seelischen oder körperlichen Kräfte sowie zur Abwehr böser Gedanken und schwarzmagischer Energien.

Kerzen

▶ Weiße Kerzen gehören zur Grundausstattung für jedes Ritual.

▶ Figurenkerzen werden bei Liebesritualen verwendet. Sie stellen entweder eine männliche oder eine weibliche Person dar. Eine Kerze in Form eines Hochzeitspaars wird bei Liebesritualen verwendet, wenn man die Absicht hat, einen Menschen zur Heirat zu bewegen. Damit dieses Ritual Erfolg hat, sollte man wenigstens verlobt sein bzw. in einer Partnerschaft leben.

▶ Pyramidenkerzen sind besonders gut geeignet für alles, was mit Geld, Liebe, Erfolg, Gesundheit, Reinigungen (besonders für das Sonnenritual) zu tun hat.

▶ Die Prozesskerze unterstützt Verhandlungen und Prozesse und wirkt ausgleichend.

▶ Mit Hilfe der Schlangenkerze lassen sich böse Flüche abwehren oder entkräften.

Räucherbecken oder -schale

Sowohl das Räucherbecken als auch die Räucherschale sind für Tranceübungen, Rituale und Zeremonien sowie für Reinigungen und Räucherungen in Häusern und Räumen wichtig.

Wasserkessel

Er dient zum Wahrsagen, für Trance- oder Meditationsübungen, zur Reinigung und zum Entmagnetisieren.

Licht, Rauch und Düfte sind die wichtigsten Hilfsmittel für die sinnliche Konzentration. Dabei sollten Sie aber das rechte Maß behalten: Ein paar wenige Kerzen bringen weitaus mehr an sinnlicher Sensation als ein Lichtmeer. Wahres Licht verdunkelt das Äußere und erhellt dafür die innere Sicht.

Mörser

Sie benötigen einen stabilen Mörser, um darin Samen, Nüsse, Gewürze oder Kräuter zu zerkleinern oder zu pulverisieren.

Zwei irdene Topfschalen

Für magische Rituale benötigen Sie zwei irdene Topfschalen (d. h. aus Porzellan oder Keramik). In der einen Schale bewahrt man magnetisiertes oder reines Fluss-, Quell- oder Brunnenwasser auf, in die andere Schale wird die magische Erde gelegt.

Zauberstab

Ein besonders wichtiges Ritualzubehör ist der Zauberstab, denn mit ihm wird die Göttin angerufen: Der Zauberstab ist meist aus Weidenholz gefertigt. Er sollte wenigstens 30 Zentimeter, aber nicht über einen Meter lang sein.

Je nach Hexe sind persönliche magische Symbole und Zeichen in ihn eingeschnitzt. Mit dem Stab werden bei Ritualen und Zeremonien die Erde, das Wasser oder Menschen berührt. Obendrein symbolisiert der Zauberstab einen verlängerten Arm, mit dem Hexen Kontakt mit der Großen Mondgöttin aufnehmen.

Hexenpyramide

Dieses Requisit symbolisiert die in einer Pyramide verborgene Kraft: Man kann sie selbst herstellen, aber auch in Geschäften kaufen. Die Pyramide sollte nicht höher als 30 Zentimeter sein und aus weißem oder blauem Karton gefertigt sein. Auf die vier Pyramidenseiten zeichnen Sie (bei Vollmond um Mitternacht) mit blauem oder rotem Stift folgende Zeichen und Namen:

Als magische Person stehen Sie in Kontakt mit den Gegensätzen: oben und unten, Luft und Erde, Feuer und Wasser, Licht und Dunkel. Versuchen Sie Spannung auszuhalten und die Energien in Ihrem Inneren weiterzuleiten. Manchen Menschen hilft hierbei der Zauberstab.

Hexenhut

Den Hexenhut gibt es sowohl als Pyramide als auch als
Kegelhut. Hexen tragen ihn bei Ritualen, Reinigungen
oder während des Geistigen Circels. Der Hut verstärkt
die Konzentration und die magische Intuition. Manche
Hexen beschriften ihn wie die Hexenpyramide.

Kristallkugel

Die Kristallkugel der Hexen dient nicht nur dem Wahrsagen; Eingeweihte können mit ihr auch hellsehen, die
Zukunft deuten und Gefahren erkennen und abwehren.

Amulette, Talismane und Glücksbringer

Amulette sind mehr als Glücksbringer – sie stellen einen
unmittelbaren Kontakt zu den kosmischen Kraftquellen
her. Ein Amulett wird an dem Tag hergestellt, der von
dem Planeten beherrscht wird, der für unsere Absichten
die besten Bedingungen bietet. Ein Talisman ist ein
Glücksbringer, der auf einen zukommt oder den man
selbst entdeckt: ein Stein, eine Feder, ein Ring, ein An-
hänger usw.

Amulette und Talismane schützen und bewahren den
Besitzer nicht nur vor magischen Einflüssen, sondern sie
bringen Glück, Ehre oder Besitz.

**Die heutigen
Glücksbringer
von Silvester
(Glücksschwein,
Schornstein-
feger, Glücks-
pfenning usw.)
sind nur ein ba-
naler Abklatsch
der wirklichen
Talismane. Egal
aus welcher
Substanz sie ge-
schaffen sind,
transportieren
Talismane ma-
gische Energie
vom ursprüng-
lichen Geber
auf den jetzigen
Besitzer.**

Ein Amulett oder Talisman sollte, damit es/er seine magische Wirkung am besten entfalten kann, an bestimmten Tagen und zu bestimmten magischen Stunden angefertigt und auch getragen werden.

Der Tag bestimmt die Wirkung

Zeitliche Zyklen sind von höchster Bedeutung für alle magischen Rituale – denken Sie nur an die Mondphasen, die Gezeiten, den Menstruationszyklus der Frauen, den Tageslauf (magische Stunde, Mitternacht), an die Jahreszeiten oder an andere Zyklen. Auch die Wochentage sind höchst unterschiedlich bei der Wirksamkeit von Ritualen.

Ein Amulett oder ein Talisman besitzt, je nach der Qualität des Tages, an dem es/er angefertigt wird, unterschiedliche Eigenschaften.

▶ **Montag – Mond:** macht fröhlich und liebenswürdig, schützt vor Feinden. Hilft Reichtum zu erwerben und wehrt böse Träume ab. Begünstigt Reisen, die Erfüllung von Wünschen, Rituale und geistige Verbindungen.

▶ **Dienstag – Mars:** schützt vor Streitigkeiten, hebt allgemein das Lebensgefühl.

▶ **Mittwoch – Merkur:** Wünsche gehen in Erfüllung, Wohlstand wird gefördert, Geschäfte sind begünstigt, hohe Gewinne werden erzielt. Die Intuition wird geweckt, das Gedächtnis gestärkt, das Denken angeregt.

▶ **Donnerstag – Jupiter:** fördert segensreiche magische Zeremonien oder die Beschwörung höherer Kräfte. Bringt Liebe, Gunst, Glück, Reichtum und Ehren und begünstigt die Ausbreitung von Eintracht und Frieden.

▶ **Freitag – Venus:** gefördert werden Freundschaft, Liebe und künstlerische Erfolge. Streitigkeiten können einträchtig beigelegt werden.

▶ **Samstag – Saturn:** macht selbstsicher, verleiht Macht und Ausdauer und schützt vor unheilvollen Behexungen, die sich gegen die Gesundheit richten. Ein guter Tag, um Haus- und Grundbesitz zu vermehren.

▶ **Sonntag – Sonne:** dient der Erweckung von Liebe und Freundschaft, dem Gewinn von Ruhm und Ehre und erzeugt das Wohlwollen und den Schutz hoch gestellter Persönlichkeiten.

Die bewährtesten Amulette und Talismane

● Salomon of Seal bringt Erfolg und hilft beim Kampf in magischer Arbeit.

● Das Gesundheitsamulett symbolisiert den Baum des Lebens, der die Früchte des Wohlbefindens trägt.

● Das Hexagramm (Siegel des Salomons) hilft bei magischen und bei rituellen Arbeiten. Schutz für alle Hexen und Hexer. Symbol der Vereinigung von Feuer und Wasser.

● Pentagramm (Fünfstern) symbolisiert den magischen Schutzkreis, der alle negativen Einflüsse fernhält und die Vollkommenheit darstellt.

● Brings for Anne ist der Glücksbringer für die Liebe und hilft bei der Klärung von Rechtsstreitigkeiten und Problemen im Beruf.

● Liebespentakel holt die Liebe des Partners zurück und hält sie fest.

● Hathot symbolisiert Macht über die Liebe.

● Venus (Göttin der Liebe) symbolisiert Liebe, Harmonie und Zufriedenheit.

● David-Schwert symbolisiert das männliche Prinzip und ist ein Luftzeichen. Wichtiger Gegenstand für die rituelle Arbeit.

● Zauberstab (aus Weide hergestellt) symbolisiert das Feuer. Ein sehr wichtiger Gegenstand für das magische Arbeiten und rituelle Zeremonien.

Sie können Amulette, Talismane, Schutzzeichen oder Glücksbringer von mir oder von einer anderen Hexe anfertigen lassen, sie aber auch selbst entwerfen und herstellen. Im Grunde genommen eignet sich jeder Gegenstand als Amulett oder Talisman, an dem man von Herzen hängt oder der eine ganz besondere Bedeutung für einen hat. Man muss nur fest an ihn und an die ihm innewohnende Kraft glauben.

Die wahre Bedeutung eines Talismans ist kristallisierter Glaube. Wenn eine Substanz mit starker Energie aufgeladen ist, dann kann dieser Talisman wie eine magische »Batterie« gebraucht werden. Verweigern Sie aber den Glauben an diese Energiequelle, dann wird sie nur ein totes Stück Materie sein.

Zitrone als Glücksbringer

Wenn Ihnen überhaupt nichts mehr gelingen will und sich auch keine neuen Perspektiven ergeben wollen, dann können Sie sich mit einem einfachen, aber äußerst wirksamen Glücksbringer von vielen Sorgen und Nöten befreien.

Schon Einstein hat uns gelehrt, dass Materie äquivalent mit Energie ist. Wer sich jedoch dieser Erkenntnis verschließt, für den wird selbst ein Stück reines Uran nur ein totes Stück Stein sein. Selbiges gilt für Mineralien, Kristalle, Metalle und verstärkt noch für organisches Material, wie z. B. Früchte, Federn, Haut und Haare.

▶ Ihr Glücksbringer ist eine frische Zitrone, in die Sie möglichst viele Stecknadeln hineinstecken. Vermeiden Sie jedoch solche mit dunkelblauen oder schwarzen Köpfen.

▶ Mit jedem Nadeleinstich wünschen Sie sich und Ihrem Vorhaben von ganzem Herzen Glück.

▶ Stellen Sie den Glücksbringer auf Ihren Hausaltar oder an Ihren Lieblingsplatz. Sie werden sehen, wie bald das Glück bei Ihnen Einzug hält und wie sich viele Sorgen und Probleme fast wie von selbst auflösen.

Magische Stätten – heilige Plätze

Überall auf der Welt und in allen Kulturkreisen gibt es heilige Orte, die mit magischer Kraft aufgeladen sind. Diese besonderen Stätten suchten die Menschen seit Urzeiten auf – und tun dies auch heute noch –, um Verbindung mit den Göttern und höheren Kräften aufzunehmen.

Unsere gesamte Erde ist von Kraftlinien durchzogen, die sich an bestimmten Punkten kreuzen und dort eine energetische Strahlung aussenden, die von sensitiven Menschen wahrgenommen werden kann. Oft erstrecken sich diese Kraftlinien über Hunderte von Kilometern. Bereits vor vielen tausend Jahren pilgerten die Menschen an diesen unsichtbaren Pfaden entlang von einem Heiligtum zum anderen.

Kathedralen, Klöster, Burgen und Schlösser wurden in früheren Jahrhunderten immer nur dort angelegt, wo bereits unsere Ahnen, die um die magische Kraft bestimmter Orte wussten, ihre Heiligtümer errichtet hatten. Dort fanden sich Hexen, Priesterinnen, Heiler, Druiden und Schamanen zu magischen Ritualen, Tänzen, Feiern und Gottesdiensten zusammen.

Berühmtester Berg – der Brocken

Ein heiliger Ort für alle Hexen, weisen Frauen und Eingeweihten ist der Brocken, der höchste Berg des Harzes. Dort findet alljährlich in der Nacht vom 30. April zum 1. Mai – der Walpurgisnacht – der große Hexensabbat statt. Seit mehr als 2000 Jahren werden verirrte, unerlöste Seelen, Gespenster und geächtete Naturgeister von ihren Fesseln erlöst, so dass sie sich wieder frei bewegen und andere Orte aufsuchen können, an denen sie sich wohler fühlen. Die Hexen feiern gemeinsam, führen rituelle Tänze auf, huldigen der Großen Mondgöttin, bringen Opfer und Weihegaben dar und erneuern ihre Gelübde. Novizen werden getauft und schwarzmagische Hexen verbannt oder mit einem Bannspruch belegt. Die erste schriftliche Erwähnung von Hexensabbaten auf dem Brocken findet sich bereits im Jahr 1300.

Chartres, Stonehenge, Glastonbury und Gizeh

▶ Kathedrale von Chartres
Zu den rätselhaftesten Orten der Welt gehört die gotische Kathedrale von Chartres, deren Grundriss auf Proportionen basiert, denen die Gesetze der Goldenen Zahl 1618 zugrunde liegen. Zur Sommersonnenwende fällt mittags ein Sonnenstrahl durch ein ungefärbtes Glasfenster direkt auf einen geheimnisvollen Zapfen, der sich auf einer großen Steinplatte am Boden befindet.

Wenn ein Sänger oder Chor in einem Raum mit miserabler Akustik singt, dann wird es stumpf und matt klingen. In einem Raum mit hervorragender Akustik klingt derselbe Sänger oder Chor jedoch klar und brillant. Wie sollte es bei magischen Aktionen anders sein? Auch hier entscheidet der Ort der Handlung ganz maßgeblich über die Stärke der Wirkung.

Freinächte,
Raunächte und
Äquinoktialtage
sind wichtige
Grenzstationen
im magischen
Leben. Wenn
sich die kosmi-
schen Kräfte
gleich stark ge-
genüber stehen
(z. B. Tag- und
Nachtgleiche),
dann bekom-
men magische
Rituale ein viel
größeres Ge-
wicht und eine
stärkere
Wirkung.

▶ Stonehenge

Eines der berühmtesten Heiligtümer der Erde ist der magische Steinkreis von Stonehenge in Südengland. Die gewaltigen Menhire wurden schon 1000 Jahre bevor es Druiden gab – über einen Zeitraum von 500 Jahren hinweg – in drei Etappen aufgestellt. Einige progressive Forscher vermuten, dass Stonehenge einst als Observatorium diente, da die Steine genau nach Auf- und Untergangsposition von Sonne und Mond zur Sommer- und Wintersonnenwende ausgerichtet sind. Viele Archäologen gehen jedoch davon aus, dass Stonehenge ein Druidentempel war.

▶ Die Abtei von Glastonbury

Die Ruinen der Abtei von Glastonbury stehen auf geheiligtem Grund. Joseph von Arimathäa soll den heiligen Gral – die Schale, die Jesus beim letzten Abendmahl benutzt hat – hierher gebracht haben. Der Überlieferung nach liegt hier auch Avalon, jene Insel der Toten, auf der König Arthur und der heilige Patrick begraben sein sollen. In früheren Zeiten war Glastonbury eine Insel, die man mit dem Schiff erreichen konnte. Durch den Hügel »Tor« führt ein uralter Pfad, der diese Kultstätten mit anderen in der näheren Umgebung verbindet.

▶ Die Pyramiden von Gizeh

Ungelöst sind bis heute die Geheimnisse der Pyramiden von Gizeh, die zu den wichtigsten magischen Orten der Welt zählen. Neuesten wissenschaftlichen Erkenntnissen nach soll die Sphinx mindestens 12 000 Jahre alt sein, was von traditionellen Archäologen allerdings als Unsinn abgetan wird. Befindet sich hinter der kürzlich durch einen Miniroboter entdeckten Geheimtür vielleicht die »Kammer der Weisheit«, deren Entdeckung der amerikanische Seher Edgar Cayce noch vor Beginn des Jahres 2000 angekündigt hatte?

Der Geistige Circel

Der Geistige Circel ist eine Institution, ein von mir guten Sinnes gegründeter geistiger Verbund gleich gesinnter und füreinander bestimmter Menschen, die sich zu jeweils festen Zeiten telepathisch miteinander vereinen, um durch die gemeinsam entwickelte Gedankenkraft das Gute zu fördern und sich in den Kosmos einzuschwingen.

Jeder aufrichtig denkende und fühlende Mensch, der seine Kräfte erhöhen, erweitern oder verstärken möchte, sich in Not befindet, in der Dunkelheit umherirrt oder ganz einfach einsam oder verzweifelt ist, kann und sollte am Geistigen Circel teilhaben.

Der menschliche Geist kann vieles bewirken. Viele Gedankenkräfte – wenn sie auf einen Punkt konzentriert sind – könnten das Universum beeinflussen. Das wussten schon die Alten – und wir wissen es auch.

Gläubiges Vertrauen statt Kenntnisse

Die Teilnahme am Geistigen Circel bedarf keinerlei Vorkenntnisse, keiner intensiven Schulung, ja nicht einmal des Wissens, was der Geistige Circel eigentlich bedeutet. Gefragt, gefordert, erhofft ist nur gläubiges Vertrauen in die Kraft der Gedanken und der Seele, eben Mut zu sich selbst.

Jeder ist beim Geistigen Circel willkommen. Jeder, der an sich und seine guten Kräfte glaubt. Im Lauf der Zeit spielt es auch keine Rolle mehr, ob man sich an die angegebenen Zeiten hält. Dann genügt einfach der Gedanke an den Geistigen Circel, an das »Einfinden« in den Kreis der Gleichgesinnten, die ihre positive Kraft in den Kosmos aussenden – und sie von dort in gleichem Maß wieder in sich aufnehmen.

Magische Orte zeichnen sich von alters her durch ihre besondere astronomische Stellung aus: Sie fungierten als Sonnenuhren, als »Merksteine« für jahreszeitliche Besonderheiten (Datumsmarkierung) oder bezogen sich auf eine bestimmte Mondstellung. Hier wird der Einfluss der Gestirne überdeutlich.

Positive Lebenseinstellung

Die einzige Voraussetzung für die Teilnahme am Geistigen Circel ist eine grundsätzlich positive Einstellung zu allen Dingen im Leben. Wer nicht fähig ist zu staunen und nicht bereit, das Verborgene hinter der Wirklichkeit zu ahnen, wird sich wahrscheinlich vergeblich bemühen. Was eine Teilnahme, ein aktives Mitmachen oder einen Versuch, »es doch einmal zu probieren«, nicht ausschließen soll.

Alle Menschen, die sich geistig erweitern oder geistig-seelischen Kontakt miteinander aufnehmen wollen, die die Natur lieben, Achtung vor der Schöpfung und ihren Wundern haben, sind zu meinem Geistigen Circel jederzeit herzlich eingeladen.

▶ Termin: Der Geistige Circel findet immer einmal in der Woche, am Montag, dem Tag des Mondes, zur Mondstunde statt. Besonders geeignet ist hierfür die Mond-Abendstunde von 20 bis 21 Uhr (während der Sommerzeit eine Stunde später).

Vorbereitung auf den Geistigen Circel

▶ Am betreffenden Abend ziehen Sie sich in einen ruhigen Raum zurück, zünden eine weiße, eine gelbe und eine blaue Kerze an, vielleicht auch ein Räucherwerk (geeignet wäre Angel), stellen Lärmquellen wie Türklingel und Telefon ab und konzentrieren sich ganz auf sich selbst, auf Fragen, die Sie gerne beantwortet haben möchten, auf Probleme, die noch zu lösen sind, oder auf die vor Ihnen liegende Stunde.

▶ Stellen Sie sich bei geschlossenen Augen vor, wie viele Tausende von Menschen sich zu dieser Stunde geistig und seelisch öffnen, miteinander vereint und von kosmischen Kräften umgeben und durchdrungen sind.

Der »Goldene Schnitt« ist nicht nur eine glückliche Proportion für Gebäude, sondern vielmehr ein Schlüssel für Harmonie. In dieser Proportion wurden Kirchen erbaut, wurden magische Bücher gestaltet und geometrische Figuren angelegt. Bei magischen Ritualen sollte die weise Hexe auf diesen Schlüssel achten.

▶ Eröffnen Sie den Geistigen Circel für sich mit den halb laut gesprochenen Worten:

Ich trete ein in den Geistigen Circel
und verbinde meine Seele, meinen Geist
und mich selbst mit allen Schwestern, Brüdern
und Menschen,
die guten Willens sind und ihre Herzen miteinander
in Liebe vereinen möchten.
Seid willkommen, meine Freunde,
und nehmt mich alle freudig und liebevoll bei
euch auf.

▶ Gut ist es, wenn Sie sich hinlegen, lockere Kleidung tragen, tief ein- und ausatmen, alle Gedanken loslassen und dabei visualisieren, wie sich alle Menschen an den Händen fassen, und wie große Kraft Sie durchströmt. Sie »senden« Ihre Sorgen aus, Ihre Nöte, geben aber auch Freude und liebevolle Hinwendung in den Geistigen Circel hinein. Sie geben, nehmen aber auch an. Von diesem Austausch lebt die geistige Gemeinschaft.

▶ Wenn Sie zum ersten Mal am Geistigen Circel teilnehmen, der in der Regel über einen Zeitraum von einer Stunde aufrecht erhalten wird, sollten Sie sich zunächst auf 20 (oder 10) Minuten beschränken. Wie lange Sie mitmachen, hängt allein von Ihrer psychischen und physischen Verfassung ab. Brechen Sie die Verbindung auf jeden Fall ab, wenn Sie sich unwohl fühlen.

▶ Sollten Sie während des Geistigen Circels aus der Entspannung herausgerissen werden, versuchen Sie sich noch einmal in den gemeinsamen Gedankenstrom zu begeben. Ist dies nicht mehr möglich, warten Sie einfach auf den nächsten Geistigen Circel.

▶ Nach der geistig-telepathischen Vereinigung im Geistigen Circel bleiben Sie noch einige Minuten entspannt liegen, dann erst erheben Sie sich. Es kann sein, dass vor

Die moderne Forderung der Verhaltenstherapie »Think positive!« findet ihr exaktes Äquivalent in der Magie. Wenn Menschen in magischen Kontakt miteinander treten, dann können negative Gefühle (»bad vibrations«) die Kommunikation zum Einsturz bringen. Ganz ähnlich wie eine Brückenkonstruktion, die durch ungünstige Eigenschwingungen in sich zusammenstürzt.

Ihrem geistigen Auge Bilder, Situationen und Geschehnisse auftauchten. Grübeln Sie darüber nicht zu sehr nach. Lassen Sie alles, was Ihnen begegnet, zunächst einmal so stehen, wie es sich dargestellt hat. Im Lauf der Zeit werden Sie besser damit umgehen können. Es wird Ihnen dann auch keine Mühe mehr bereiten, die Bilder, Symbole oder Botschaften zu deuten, die Sie während des Geistigen Circels empfangen haben.

▶ Der Geistige Circel findet zwar während einer »kosmischen Kernzeit« statt, was Sie aber nicht daran hindern sollte, jederzeit, wenn Ihnen danach zumute ist, in diesen auch außerhalb der angegebenen Zeiten »einzutauchen«. Es wird Ihre Seele stärken, wenn Sie immer und jederzeit geistigen Kontakt mit Ihnen gleich gesinnten Mitmenschen aufnehmen können.

Das Ganze ist mehr als die Summe der Einzelteile. Was viele Liebende sicher wissen, nämlich dass »eins plus eins größer zwei ist«, das zeigt sich auch beim Geistigen Circel: Die Gruppe kommunizierender Individuen ist weitaus mächtiger und stärker als die Summe aller Teilnehmer.

Talismann und Erkennungszeichen

Für Freunde des Geistigen Circels habe ich ein Erkennungszeichen entworfen, das gleichzeitig als Talisman benutzt werden kann (Sie können es in Silber oder vergoldet über »Theas Welt der Mystik«, siehe Seite 126, beziehen). Der Talisman ist aufgeladen mit positiver Energie und erfüllt von den Schwingungen all der Menschen, die sich im Geistigen Circel zusammengefunden haben.

Magische Orakel

Wenn Sie in einer Situation Rat und Hilfe brauchen, dann können Sie das Orakel befragen. Es gibt verschiedene Orakel, die Sie entsprechend den Themen, die Sie gerade beschäftigen, aussuchen können. Je öfter Sie ein Orakel zurate ziehen, desto sicherer werden Sie seine Sprache verstehen.

Johanniskraut

Johanniskraut gilt seit alters als Liebeskraut. Es befreit von angehexter Liebe und führt zu echter Liebe. Wenn Sie heiraten möchten, zerdrücken Sie seine Blütenknospen in einem Taschentuch und achten darauf, ob rötlicher oder farbloser Saft herauskommt. Färbt sich das Taschentuch rot, sprechen Sie: »Kommt rotes Blut, ist die Liebe gut.« Ist der Saft jedoch farblos, spricht man: »Ohne Rot bleibt die Liebe tot!« Besonders aussagekräftig ist das Johanniskraut, wenn es am Johannistag (24. Juni) gesammelt und angewendet wird.

Wie Sie in die Zukunft sehen können

Ein kleiner Blick in die Zukunft gefällig? Stellen Sie drei Schälchen nebeneinander: Das erste ist mit Wasser gefüllt, in das zweite legen Sie einen Ring und in das dritte Ihre Lieblingsblume. Während Sie sich die Augen verbinden lassen, verändert eine andere Person die Anordnung der Schälchen. Strecken Sie nun die Hand nach einem Schälchen aus: Greifen Sie dabei ins Wasser, haben Sie eine schwierige, tränenreiche Zeit vor sich. Bekommen Sie den Ring zu fassen, werden Sie in absehbarer Zeit den Partner fürs Leben kennen lernen oder – wenn Sie ihn schon gefunden haben – heiraten. Die Blume verheißt Ihnen viel Freude und heitere, sonnige Tage.

Theas großes Tassenorakel

Dieses Orakel verrät Ihnen alles über Liebe, Glück, Erfolg und Schicksal. Es ist ein Orakel, das in Vollmondnächten oder bei zunehmendem Mond befragt werden sollte. Auch der Silvesterabend ist für diese Zukunftsschau gut geeignet.

Orakel sind so alt wie die Menschheit: Das kleine Mädchen zupft Blütenblätter aus (»Er liebt mich, von Herzen, mit Schmerzen ...«), die antiken Griechen gingen mit ihren Fragen nach Delphi, der Astrologe liest die Sterne, der moderne Mensch befragt Trendforscher und Prognoseinstitute, nicht nur zur Wahlzeit. Jeder Mensch ist jedoch in der Lage, selbst Orakel zu lesen, wenn er die Energieströme in sich selbst zum Fließen bringt.

Kennen Sie das Hütchenspiel, das viele Betrüger in zahlreichen Städten anbieten? Sind Sie selbst schon hereingefallen, und die Münze befand sich immer unter den anderen Hütchen? Dieses Spiel ist die entartete Form des alten Tassenorakels; hier verkommt wahre Magie zum üblen Taschenspielertrick.

Für das großen Tassenorakel benötigen Sie folgende Zutaten:

▶ 9 Tassen
▶ 1 Ring
▶ 1 Geldmünze
▶ 1 Schlüssel
▶ etwas Asche
▶ 1 Stück Brot
▶ 1 Prise Salz
▶ 1 Prise Zucker
▶ 1 Stück Kohle
▶ 1 vierblättriges Kleeblatt

So befragen Sie das Orakel:

▶ Stellen Sie die neun Tassen in folgender Anordnung umgekehrt auf den Tisch:

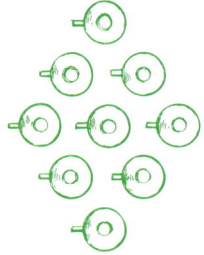

▶ Unter jeder der neun Tassen versteckt eine andere Person jeweils einen der neun Orakelgegenstände. Die das Orakel befragende Person ist währenddessen nicht im Raum. Sie wird anschließend hereingerufen und muss die Tassen in folgender Reihenfolge aufheben: Sie beginnt mit der obersten Tasse, geht dann zur linken Tasse der zweiten Reihe, hebt anschließend die rechte Tasse der zweiten Reihe hoch etc. Auch in den folgenden Reihen wird jeweils von links nach rechts aufgedeckt.

Interpretation

Das Symbol, das unter der ersten Tasse liegt, gibt Auskunft über die Tendenz der Zukunft. Deckt eine Person als erstes das Kleeblatt auf, kann sie aufhören und das Orakel dem anderen Spieler übergeben.

So werden die Orakelgegenstände gedeutet:

▶ Ring: Heirat, Verlobung, liebevolle Partnerschaft

▶ Geldmünze: Glück, Erfolg, Karriere, Gewinne

▶ Schlüssel: Ein Erbe steht in Aussicht

▶ Asche: Unglück, Pech, schlechte Zeiten

▶ Brot: Das Leben ist gesichert, Not wird fernbleiben

▶ Salz: Nach einer kurzen schwierigen Phase geht es wieder aufwärts

▶ Zucker: Sieben Jahre ohne Probleme liegen vor Ihnen

▶ Kohle: Achten Sie auf Ihre Gesundheit, vermeiden Sie zu große Risiken

▶ Kleeblatt: Glück und Segen ruhen auf allen Lebenswegen

Das traditionelle Erdorakel

Eine erfahrene Meisterin lehrte mich diese Zukunftsschau, die ich immer wieder gerne zur Beantwortung von Fragen heranziehe. Der Überlieferung nach muss das Erdorakel stets unter freiem Himmel und bei Tageslicht (am besten zur Mittagsstunde) befragt werden. Je höher die Sonne steht und je heller der Tag ist, desto zuverlässiger und präziser antwortet das Orakel.

Für dieses Orakel benötigen Sie:

▶ Ihren Lieblingsplatz im Freien

▶ weißen, trockenen Sand

▶ 1 Holzstäbchen

▶ 1 kleinen Stein aus Ihrer Steinesammlung

In vielen Redensarten und Gebräuchen sind noch alte magische Wahrheiten zu entdecken. Beispiel: »Scherben bringen Glück«, also zerbricht man an Polterabenden oder jüdischen Hochzeiten Geschirr und/oder Glas. Nur noch wenige Menschen besitzen allerdings die Kenntnisse, um Orakel wirklich richtig zu interpretieren.

Ausführung des Orakels

So befragen Sie das Orakel:

▶ Suchen Sie Ihren Lieblingsplatz auf, und schütten Sie dort den Sand vorsichtig auf die Erde.

▶ Glätten Sie den Sand mit der rechten Hand, und konzentrieren Sie sich dabei auf die Frage, die Sie an das Orakel richten möchten.

▶ Zeichnen Sie nun mit dem Holzstäbchen einen Kreis in den Sand, und teilen Sie diesen in vier gleich große Felder auf.

▶ In diese vier Felder schreiben Sie die Worte: »Ja«, »Später«, »Niemals« und »Vielleicht«.

▶ Beginnen Sie mit dem linken oberen Feld, und fahren Sie im Uhrzeigersinn damit fort. Von nun an darf der Erdkreis nicht mehr berührt werden.

▶ Nehmen Sie nun Ihren magischen Stein, und konzentrieren Sie sich auf Ihre Frage. Schließen Sie die Augen, so dass Sie das Erdorakel nicht mehr sehen können, und werfen Sie dann das Steinchen in den Kreis.

▶ Sehen Sie nach, in welchem Feld es gelandet ist. Je genauer das Steinchen im Zentrum beispielsweise des »Ja«-Feldes liegt, desto präziser ist die Beantwortung und umso rascher wird sich Ihr Wunsch erfüllen.

Befindet sich der Stein am äußeren Rand im »Niemals«-Feld, besteht nur wenig Hoffnung.

Fällt das Steinchen auf eine Trennlinie zwischen zwei Feldern, haben Sie noch einen Versuch frei.

▶ Landet das Steinchen jedoch im Zentrum des Erdkreises, dann wird Ihr Wunsch sich auf jeden Fall erfüllen, und Glück und Erfolg auf allen Gebieten sind Ihnen gewiss.

▶ Wollen Sie das Orakel ein zweites Mal befragen, glätten Sie den Sand, und wiederholen Sie das Ritual.

Im menschlichen Lebenskreislauf spielt die Erde eine besondere Rolle: Aus Erde (Lehm) wurde Adam wie auch der Golem geschaffen, und zu Erde sollen die Menschen nach ihrem Tod wieder werden. Daher eignet sich das Erdorakel ganz besonders gut für detaillierte Fragen an die menschliche Zukunft.

▶ Werfen Sie jedoch neben den Kreis, dann dürfen Sie das Erdorakel erst in drei Tagen neu befragen. Damit gibt Ihnen das Orakel zu verstehen, dass Ihre Zeit noch nicht gekommen ist.

Den Stein reinigen

Bevor Sie einen Ihrer ganz persönlichen Steine für ein magisches Ritual verwenden, sollten Sie ihn unbedingt von negativen Energien reinigen. Das geschieht am besten unter kaltem fließendem Wasser, dem Sie – wenn Ihr Stein das verträgt – eine Prise Meersalz hinzugeben. Legen Sie den Stein anschließend zum Trocknen in die Sonne, um ihn wieder mit feinstofflichen Energien aufzuladen.

Jedes Mädchen weiß es intuitiv: Der Platz unter ihrem Kopfkissen besitzt magische Kräfte. Und diese Kräfte können auch gezielt genutzt werden.

Praktische Orakel für die Männersuche

Für die Suche eines Mädchens nach dem (richtigen) Partner gibt es eine ganze Reihe praktischer Alltagsorakel:

● Sitzt ein Mädchen beim Essen an einer Tischecke, dann bekommt es eine böse Schwiegermutter.

● Setzt sich ein Mädchen einen Männerhut auf, dann bleibt es noch ein ganzes Jahr ohne Mann.

● Wenn das Mädchen wissen will, wie ihr Zukünftiger wohl aussieht, dann nimmt es einen Apfel und teilt ihn in zwei Hälften. Die eine Hälfte isst das Mädchen, die andere Hälfte kommt unter ihr Kopfkissen. Im nächtlichen Traum wird dem Mädchen das Gesicht ihres Zukünftigen erscheinen.

● Wenn ein Mädchen am Ostermorgen vor Sonnenaufgang drei Löffel aus fließendem Wasser schöpft, es trinkt und dabei spricht »Untergehn, auferstehn, immer treu, ewig neu«, dann kann der Mann, an den sie dabei denkt, nicht mehr von ihr lassen.

Das Hexenkalendarium

Ein Talisman, Amulett oder Zauber ist nicht immer gleich wirksam. Je nach der Kraft des Mondes und des Jahreszyklus wird er unterschiedlich stark seine Wirkung entfalten. Genauso verhält es sich mit der Wirksamkeit von Rezepten. Manche Monate und bestimmte Tage können Energien bündeln, verstärken oder auch abschwächen. Deshalb sollten Sie die Absichten Ihrer Rezepte mit dem Hexenkalendarium abstimmen.

Der mächtige Zyklus des Jahres

▶ **JANUAR:** Der »Hartung« ist der Monat, in dem wir unsere innere Ruhe finden. Jetzt ist die Zeit, sich zu besinnen und daraus neue Kräfte zu sammeln. Das Wichtigste ist, die eigene innere Mitte zu finden, damit wir die Dunkelheit überwinden können.

▶ **FEBRUAR:** Im »Hornung« sind Klarheit und Intuition begünstigt. Die dunklen Mächte des Winters ziehen sich langsam zurück und machen einer großen Erwartung Platz. Dieser Monat bietet die ideale Zeit für Meditation und Inspiration. Veränderungen kündigen sich jetzt langsam an.

▶ **MÄRZ:** Wenn im »Lenzing« die Kräfte der Natur zu neuem Leben erwachen, entsteht auch in uns neue Energie. Alle unsere Sinne werden wieder geboren, und der Kreislauf des Schaffens und Entstehens beginnt von neuem. Jetzt ist die ideale Zeit für Veränderungen und unerforschte Wege.

▶ **APRIL:** Der »Launig« ist der Monat der äußeren und inneren Reinigung. Entscheidungen und Wechsel stehen jetzt an. Aber vertrauen Sie nicht blind auf die Wirksamkeit Ihrer Rezepte. Der April hat manchmal seine Launen.

▶ **MAI:** Im »Wonnemonat« kann alles gelingen. Wer zu neuen Ufern aufbricht, wird sein Ziel erreichen, und auch Ihre Rezepte werden garantiert ihre Wirkung tun. Lassen Sie sich inspirieren von der kraftvollen Fröhlichkeit der Natur.

▶ **JUNI:** Wenn alles blüht und wächst im Monat der Sonne, entfalten die geistigen Kräfte ihr höchstes Potenzial. In diesen Wochen können Sie alle Ihre Energien mobilisieren, der Erfolg wird Ihnen sicher sein, besonders wenn Sie Rezepte der Sinnlichkeit und des Verliebtseins anwenden.

▶ **JULI:** Im »Heumonat« wirken alle Kräfte der Natur zusammen. Nicht zuletzt deshalb wird der Juli von den

Hexen auch der Monat der Verzauberung genannt. Was Sie im Mai oder Juni begonnen haben, muss jetzt der Bewährung standhalten. Stärke, Beharrlichkeit und Durchhaltevermögen sind gefragt.

▶ **AUGUST:** Im »Ernting« erreichen die Würz- und Heilkräuter ihre größte Wirksamkeit. Dieser Monat steht unter dem Schutz der Großen Göttin. Er bietet die größte Chance, das Schicksal noch einmal entscheidend zu beeinflussen.

▶ **SEPTEMBER:** Da sich nun unübersehbar der nahende Herbst ankündigt, sollten Sie dem Lohn Ihrer Bemühungen näher kommen. Geben Sie nicht auf, wenn es bisher nicht geklappt hat. Der Oktober hält für Sie noch so manche Überraschung bereit.

▶ **OKTOBER:** Wenn sich die Natur mit letzter Kraft aufbäumt und sich die ersten Nebelgeister hervorwagen, können Sie mit Ihrer Energie noch einmal alles verändern. Halten Sie die bösen Geister im Zaum, und zeigen Sie Ruhe, Kraft und Besonnenheit. Dann haben Ihre Rezepte die bestmögliche Aussicht auf Erfolg.

▶ **NOVEMBER:** Im »Nebelung« zeigt sich die Welt von ihrer düsteren Seite. Die Zeit der geheimnisvollen Nebel bietet Gelegenheit, die Orakel nach neuen Perspektiven zu befragen.

▶ **DEZEMBER:** Der Monat der längsten Nächte ist der Göttin des Lichts geweiht. Die wenigen Stunden der Sonne gebären Hoffnung, und die Vorfreude auf das nächste Jahr gibt Ihnen die Energie für neue Aktivitäten und Pläne.

Die Energie jedes Tages

▶ **MONTAG:** Die Macht des Mondes schützt Sie vor Feinden und begünstigt die Erfüllung von Wünschen und Ritualen.

▶ **DIENSTAG:** Mars schützt vor Streitigkeiten und hebt das aktive Lebensgefühl.

▶ **MITTWOCH:** Merkur fördert Wohlstand und lässt Wünsche in Erfüllung gehen.

▶ **DONNERSTAG:** Magische Zeremonien und die Beschwörungen höherer Energien werden durch Jupiter begünstigt. Die Zeichen stehen gut für Geld, Reichtum, Glück und Frieden.

▶ **FREITAG:** Der Tag der Venus fördert Liebe und künstlerische Erfolge. Streitigkeiten können beigelegt werden.

▶ **SAMSTAG:** Saturn macht selbstsicher, verleiht Macht und schützt vor unheilvollen Behexungen.

▶ **SONNTAG:** Dieser Tag steht im Zeichen der Sonne. In ihr kann Freundschaft aufblühen, Ruhm und Ehre werden gedeihen.

Die Hexenküche

Hexen hexen, und das tun sie meistens in der Küche. Das Wissen um die Heilkräfte und Nährstoffe von Nahrungsmitteln, speziell der Kräuter und Gewürze, ist eine Errungenschaft der weiblichen Experimentierfreudigkeit. Weise Frauen haben dieses alte Wissen über Jahrhunderte weitergegeben und genutzt.

Bei der Wirkung von Pflanzen galt nur die Erfahrung: So stellten die Menschen recht bald fest, welche Kräuter und Gewürze das Liebesbedürfnis der Männer steigerten und welche eine gegenteilige Wirkung hervorriefen.

Was zum Erfolg nötig ist

Beginnen wir also mit den Grundvoraussetzungen. Wie soll nun eine richtige Hexenküche aussehen? Sie haben bei diesem Ausdruck bestimmt das Bild einer alten, von Spinnweben durchzogenen Höhle im Kopf. In der Mitte steht dann auf einer offenen Feuerstelle der große Hexenkessel mit einer geheimnisvollen Suppe, von grünem Nebel überzogen. So könnte wohl in grauer Vorzeit eine Hexenküche auch ausgesehen haben, aber heute haben wir ganz andere Möglichkeiten, und auch das helle Tageslicht darf die Geschehnisse in dieser Küche ruhig mit ansehen.

Wichtig ist heute, mit möglichst viel Natur zu kochen. Benutzen Sie deswegen Holzkochlöffel, Holzbretter, Töpfe und Pfannen aus Gusseisen, Geschirr aus Keramik und Porzellan.

Die Mikrowelle dagegen hat auch in einer modernen Hexenküche wenig zu suchen. Neben der Cerankochfläche sollte möglichst noch ein Gasherd, also eine of-

»Fröschebein und Krebs und Fisch, hurtig Kinder kommt zu Tisch.« So endet ein Kinderreim über die kleine Hexe. Wichtig daran ist, dass Kochen eine der wichtigsten Tätigkeiten und Merkmale der Hexen ist.

Jede Frau kann zur Hexe werden. Es muss ja nicht gleich ein »Kräuterweiblein« aus Ihnen werden, wenn Sie Ihren Liebsten oder Ihre Familie mit Ihren Rezepten verzaubern wollen.

fene Flamme, vorhanden sein. Der elektrische Mixer kommt nicht mehr so häufig zum Einsatz, wie wir es vielleicht normalerweise gewohnt sind.

Passende Tischdekoration

Auch die Tischdekoration sollten Sie nicht außer Acht lassen. Entsprechend dem jeweiligen Anlass sollte ein passender Blumenschmuck aufgestellt werden.

▶ Für ein Gesundheitsessen eignet sich ein Strauß Sonnenblumen hervorragend, aber auch Kornähren und Feldblumen bringen die richtige Stimmung.

▶ Für ein Liebesmahl sollten Sie rote Blumen – es müssen nicht immer Rosen sein – und Schalen mit Wasser, in denen Blütenköpfe schwimmen, arrangieren.

▶ Für ein Essen, das Geld oder Erfolg bringen soll, dekorieren Sie mit vielen Grünpflanzen und blau eingefärbten Lorbeerzweigen.

Aber auch die Wahl des Geschirrs, der Servietten und der Kerzen ist ausschlaggebend. Decken Sie den Tisch immer in den entsprechenden Farben. Wählen Sie zartes Porzellan für das intime Liebesmahl und robustes Keramikgeschirr für gesundheitliche und erfolgsorientierte Mahlzeiten.

Der richtige Zeitpunkt

Wann immer Sie die Möglichkeit haben, sollten Sie folgenden magischen Zeitplan beachten. Er ist vielleicht nicht jedes Mal durchführbar, aber er verspricht die optimale Nutzung Ihrer eigenen Energie, die Sie in das Essen einbringen möchten. Es geht um den richtigen Zeitpunkt für das Kochen und für das Servieren der Mahlzeit. Wenn Sie beabsichtigen, ein Liebesmahl zuzubereiten, wählen Sie für das Kochen die Sonnenstunden und für das Essen die Venusstunden.

Bewunderswert, wie schnell manche Frauen in der Küche etwas »zusammenhexen« können. Doch auch hier gilt: Gut Ding will Weile haben. Ein großes und wirkungsvolles Hexenmahl bedarf der guten Vorbereitung und der sorgfältigen Zubereitung.

Wann ein Mahl am besten gelingt

Für einen erotischen Abend sollten Sie folgende Stunden wählen:

- **SONNTAG:** Kochen 14 bis 15 Uhr, Essen 15 bis 16 Uhr
- **MONTAG:** Kochen 18 bis 19 Uhr, Essen 19 bis 20 Uhr
- **DIENSTAG:** Kochen 15 bis 16 Uhr, Essen 16 bis 17 Uhr
- **MITTWOCH:** Kochen 19 bis 20 Uhr, Essen 20 bis 21 Uhr
- **DONNERSTAG:** Kochen 16 bis 17 Uhr, Essen 17 bis 18 Uhr
- **FREITAG:** Kochen 20 bis 21 Uhr, Essen 21 bis 22 Uhr
- **SAMSTAG:** Kochen 17 bis 18 Uhr, Essen 18 bis 19 Uhr

Wenn Sie aber eher daran denken, beim Essen über Geldgeschäfte oder berufliche Perspektiven zu verhandeln, verlegen Sie die oben genannten Termine um eine Stunde vor. Diese Zeiten gelten für die Winterzeit, im Sommer rechnen Sie bitte eine Stunde dazu.

Individuelle Unterschiede

Halten Sie sich aber nicht sklavisch an die vorgenannten Koch- und Essensstunden. Die besten Zeiten für Ihr persönliches Hexenmahl kennen nur Sie selbst am besten: Es sind die Stunden, die Sie am meisten lieben, in denen Sie sich inspiriert und kraftvoll fühlen, um die von Ihnen zubereiteten Gerichte mit Liebe und Energie magisch aufzuladen – die Stunden, die Sie am liebsten in zärtlicher Zweisamkeit verbringen, die Stunden, in denen Sie sich in fröhlicher Runde Ihren Freundinnen widmen können, die Stunden, zu denen Sie Ihre Familie bei einem heiteren Mahl versammeln. Hören Sie auf Ihre innere Stimme, auf Ihre Intuition – und Sie werden den richtigen Zeitpunkt herausfinden.

Denken Sie daran, bei allem was Sie tun: Tun Sie es mit Liebe im Herzen, ohne Groll und Wut. Denn alles, was Sie in diesem Sinn beginnen, wird Ihnen optimalen Erfolg garantieren, auch wenn es manchmal schwierig erscheint. Hindernisse, besonders in einem selbst, sind dazu da, überwunden zu werden.

Das richtige Geschirr, die passenden Blumen, Kerzen und Licht sowie ein geschickt eingesetzter Duft im Raum bestimmen entscheidend über den Erfolg Ihres geplantes Mahls. Meisterliche Verführung greift immer auch die sinnlichen Elemente auf.

Rezepte für die Liebe

Ein liebevoll zubereitetes Mahl öffnet nicht nur den Magen, sondern auch das Herz des Liebsten. Denn eine Mahlzeit, die mit viel Liebe und positiven Emotionen gekocht wurde, wird diese Gefühle auch während des Essens weitergeben – sie sind ganz einfach schon »hineingekocht«. Also denken Sie bei der Zubereitung an »ihn«, lassen Sie Ihrem Herzen freien Lauf, und geben Sie Ihre ganze Energie daran.

Liebesmahl und Verführung

Ich möchte Ihnen hier nicht nur ein paar Rezepte für das erfolgreiche Liebesmahl preisgeben, auch einige Anleitungen für magische Verführungsdüfte und kleine Rituale, um den Liebsten anzuziehen und zu halten, helfen Ihnen, ans Ziel Ihrer Wünsche zu gelangen.

Gegen lästige Konkurrentinnen

Zutaten: *12 Apfelkerne • 1 Prise grauer Ambra*
1/2 Prise gemahlene Moschuskörner • 1/4 l Rotwein

1 Zerstoßen Sie die Apfelkerne in einem Mörser. Geben Sie die Prise grauen Ambra sowie 1/2 Prise gemahlene Moschuskörner hinzu. Fügen Sie 1/4 Liter Rotwein zu, und kochen Sie das Ganze, bis 3/4 der Flüssigkeit verdampft ist.

2 Gießen Sie den Rest in eine kleine Flasche, die Sie mit einem Korken verschließen. Bewahren Sie diese Mischung 7 Tage an einem hellen Ort auf, und geben Sie den Speisen Ihres Liebsten täglich 3 Tropfen bei. Damit schützen Sie ihn zuverlässig vor Attacken anderer Frauen.

Die angegebenen Rezepturen können Sie auch variabel mischen und manche Anweisungen miteinander kombinieren.

Um die Liebe in Erfüllung gehen zu lassen, bedürfen wir oft vieler magischer Rituale.

Unwiderstehlich wie Aphrodite

Zutaten: *Wasser aus einem Mühlbach • 1 neuer Holz-löffel • 1 Ei • 1 Schüssel*

1 Zerschlagen Sie in dem Wasser vom Mühlbach mit dem Holzlöffel das Ei. Waschen Sie damit Ihre Brüste, und fangen Sie das Wasser in der Schüssel auf.

2 Bewahren Sie dieses Gemisch auf, bis Sie Zimtplätz-chen backen. Beträufeln Sie die Plätzchen mit der Flüs-sigkeit, bevor Sie sie in den Backofen geben.

3 Geben Sie diese Plätzchen Ihrem Liebsten zu essen. Die Wirkung wird nicht lange auf sich warten lassen!

Chinesische Verführung

Zutaten: *geriebene Ginsengwurzeln*

Halten Sie immer einige Kapseln fein geriebene Gin-sengwurzeln bereit, die Sie Ihrem Geliebten ins Getränk geben können. Das stärkt die Liebeskraft!

Magischer Liebestrunk

Zutaten: *1/4 l Maraschinolikör • 1 Eigelb • 1/4 l Sahne 1/4 l Kognak • etwas Selleriesaft*

1 Geben Sie den Maraschinolikör, das Eigelb, die Sahne und den Kognak in ein großes Glas, rühren Sie gut um, und fügen Sie einige Tropfen Selleriesaft hinzu.

2 Servieren Sie diesen hochwirksamen Drink vor dem Essen. Dieser Trunk hat sich besonders bewährt, um eine Partnerschaft zu beleben und die körperliche Freude aneinander wieder bewusst zu erleben.

Ein Vollmond-Liebesmahl

Ich möchte Ihnen nun ein komplettes Gericht mit Vor-speise, Hauptgang und Dessert empfehlen, das Sie in Liebesdingen Ihrem Partner vorsetzen können.

Verführung funktioniert meist schon mit viel Lächeln, dem richtigen Duft und even-tuell Dessous. Falls diese Hilfs-mittel jedoch versagen, dann stehen Ihnen noch weitaus mächtigere Zaubermittel zur Verfügung.

*Zutaten: 2 Bund Petersilie • 1 Sellerieknolle
1 Angussteak • verschiedene Gemüse • frische Salate
Kaffee • Kognak • Sahne • Zimt*

1 Als Entree empfiehlt sich eine Gemüsesuppe, die unbedingt mit klein gehackter Petersilie gewürzt sein sollte. Streuen Sie geriebenen Sellerie darüber.

2 Als Hauptgang servieren Sie ein Angussteak mit knackfrischen Salaten, unter die wiederum 1 Bund klein gehackter Petersilie gemischt wird.

3 Als Getränk tischen Sie leichten italienischen Rotwein auf und als Nachtisch Kaffee mit Kognak und Sahnehäubchen mit Zimt. Zelebrieren Sie dieses köstliche Menü am besten in einer Vollmondnacht.

So gewinnen Sie einen Partner für sich

Zutaten: 7 Korianderkörner • 1 l Weißwein

1 Nehmen Sie die Korianderkörner, und zerstoßen Sie sie in einem Mörser. Sprechen Sie dabei folgende Worte: »Warme Körner, warme Herzen, sollen für immer zusammengehören.« Sprechen Sie diesen Satz langsam 3-mal hintereinander.

2 Geben Sie die zerriebenen Samenkörner in den trockenen Weißwein, lassen Sie das Gemisch ziehen, und verrühren Sie es dann gründlich. Nach 10 Minuten serviert man das Getränk der Person, die man für sich gewinnen möchte.

So verzaubern Sie Ihren Partner

Zutaten: Ihr Lieblingsring • 1 Glas Champagner

Werfen Sie Ihren Lieblingsring in ein Glas Champagner, und stellen Sie das Glas ins Vollmondlicht. Am nächsten Abend gießen Sie die Hälfte Champagner weg, nehmen Ihren Ring heraus und füllen das Glas mit frischem Champagner auf. Lassen Sie Ihren Liebsten trinken.

Ein komplettes Liebesmahl bedarf der exakten Planung und gut organisierten Vorbereitung. Für ein so großes Vorhaben sollten Sie sich zumindest ein ganzes Wochenende freihalten. Beispielsweise: Samstagvormittag einkaufen, nachmittags vorbereiten und kochen, abends der große Auftritt – und am Sonntag den Erfolg der Anstrengungen genießen.

Wenn Sie sich nicht entscheiden können

Sie sind zwischen zwei Männern hin- und hergerissen, können sich aber für keinen von ihnen entscheiden? Mit diesem Liebestrank wissen Sie bald, für wen Ihr Herz am stärksten schlägt.

Zutaten: 1 Ingwerwurzel • 10 ml Orangenöl
10 ml Zitronenöl • 1/2 EL Zucker

Manchmal sind auch schnelle Entscheidungen vonnöten. Ein Fläschchen mit Liebestropfen in der Handtasche neben Handy und Kondom kann nicht schaden, aber im Akutfall sehr viel nützen.

1 Verrühren Sie die zerriebene Ingwerwurzel mit dem Orangen- und Zitronenöl sowie dem Zucker zu einem Brei. Während des Vermengens sagen Sie immer wieder folgenden Spruch auf: »Beide zu mir und ich zu ihnen, auf dass einer bleibe.«

2 Bewahren Sie die Masse in einer Porzellanschüssel im Kühlschrank auf. Immer, wenn Sie von einem der beiden Männer besucht werden, geben Sie ein paar Tropfen der Flüssigkeit in sein Getränk. Dazu eignen sich am besten Cocktails, dann fallen weder Geruch, Geschmack oder Farbe auf.

3 Genießen Sie es eine Zeit lang, mit beiden in Kontakt zu sein. Verführen Sie einen der beiden an einem Freitag, dem Tag der Liebe. Mit dem anderen gehen Sie am Sonntag, dem Tag des Erfolgs, aus. Wenn Sie das abwechselnd über einige Wochen tun, werden Sie schnell herausfinden, welcher der beiden richtig für Sie ist.

Liebestropfen für unterwegs

Seien Sie gerüstet für den großen Moment, wenn Ihnen plötzlich Ihr Traummann oder auch ein potenzieller Liebhaber gegenübersteht. Für diesen Fall haben Sie immer Ihre Notfallliebestropfen in der Handtasche. In einem unachtsamen Moment träufeln Sie ihm ein paar Tropfen davon in sein Getränk oder, wenn es sich um eine »trockene« Begegnung handelt, auf seine Brust.

Zutaten: 1 TL Blütenhonig • 30 ml Weingeist
3 Tropfen Rosenöl • 3 Tropfen Angelikawurzelöl
3 Tropfen Jasminöl • 3 Tropfen Pfefferöl • 3 Tropfen
Tränen aus Ihrem rechten Auge

Für die Liebestropfen mischen Sie die aufgeführten Zutaten einfach zusammen. Wundern Sie sich nicht, wenn er plötzlich wildes Interesse an Ihnen zeigt.

Richtig gerüstet für die unverhoffte Liebesnacht

Zutaten: 1 roter Faden • 1 Medikamentenkapsel
Ingerwer-, Zimt- und Selleriepulver • 1 kleiner Taschenspiegel • Thea's Liebesöl

Stellen Sie sich vor, Sie treffen jemanden. Die Chemie stimmt, die Situation ist eindeutig. Auch wenn es nicht unbedingt ratsam ist, möchten Sie doch gleich die Nacht mit ihm verbringen. Es soll allerdings kein One-Night-Stand sein, sondern der Beginn einer tieferen Beziehung. Packen Sie folgende Dinge in Ihre Handtasche:

▶ Einen roten Faden, in den Sie, während Sie schmusen, 3 Knoten knüpfen. Bei jedem Knoten denken Sie an Ihr gemeinsames Glück.

▶ Füllen Sie eine Medikamentenkapsel mit einer Mischung aus Ingwer-, Zimt- und Selleriepulver. Den Inhalt der Kapsel schütten Sie ihm dann in einem unbeobachteten Moment in sein Getränk.

▶ Nehmen Sie immer einen Taschenspiegel mit. Halten Sie den Spiegel so, dass er voll darin zu sehen ist. Anschließend reiben Sie den Spiegel um sein Spiegelbild herum mit Thea's Liebesöl ein und packen ihn sofort wieder ein, ohne selbst noch mal hineinzuschauen. Legen Sie den Spiegel auf Ihren Altar.

▶ Lassen Sie sich eine Kleinigkeit von ihm geben, z. B. ein Taschentuch oder eine handschriftliche Telefonnummer. Dieses Kleinod legen Sie mit auf Ihren Altar.

Wenn Sie auf der Suche nach Ihrer großen Liebe sind, dann sollten Sie für den Fall des Falles gerüstet sein. In nebenstehender Liste finden Sie ein paar Vorschläge, was Sie in Ihrer Handtasche mitführen sollten. Und vielleicht sollten Sie in dieser Zeit auch nicht Ihre allerältesten T-Shirts und Unterhosen tragen . . .

Dianas Liebesparfum

Zutaten: *25 ml Jojobaöl • 5 Tropfen Linaloeholz*
5 Tropfen Vanille • 3 Tropfen Rose • 3 Tropfen Veilchen
3 Tropfen Olibanum

Mischen Sie das Trägeröl mit den ätherischen Ölen, schütteln Sie die Mixtur kräftig durch, und tragen Sie sie wie Parfum auf die Haut auf. Verwenden Sie nur naturreine ätherische Öle. Mit »Dianas Liebesparfum« duften Sie verführerisch, wenn Sie zu einem Rendezvous oder auf eine Party gehen.

Alle Düfte aus 1001 Nacht stehen Ihnen zur Verfügung, wenn Sie losziehen. Zusätzlich finden Sie hier ein paar neue und hochwirksame Vorschläge.

Evas Atem – ein hoch verführerisches Parfumöl

Zutaten: *250 ml geruchsfreier denaturierter Alkohol*
40 Tropfen Orangenblütenöl • 17 Tropfen Zitronenöl
7 Tropfen Bergamotteöl • 7 Tropfen Rosmarinöl

Mischen Sie die Zutaten unter ständigem Rühren, und füllen Sie sie in eine dunkle Glasflasche ab. Nach 1 Woche füllen Sie die Mixtur in kleine Glasflaschen ab.

Schmuseöl

Zutaten: *125 ml Olivenöl aus erster Pressung*
30 ml Mandelöl • 20 Tropfen Geraniumöl

Vermengen Sie die Öle 10 Minuten lang, füllen Sie sie in eine dunkle Glasflasche, und lassen Sie die Mischung 1 Woche lang stehen. Tragen Sie das Öl nach jedem Bad mit kreisenden Bewegungen auf die Haut auf.

Orientalischer Zauber

Zutaten: *5 ml Zitronenöl • 5 ml Patschuliöl*
60 ml Alkohol • geblätterte Gartenraute

Mischen Sie das Zitronenöl mit dem Patschuliöl, und geben Sie den Alkohol sowie die geblätterte Gartenraute hinzu. Bewahren Sie diese Mischung 1 Woche lang an einem dunklen Ort auf, und füllen Sie sie dann in einen kleinen Flakon ab. Sie wird – richtig eingesetzt – wahre Wunder bewirken!

Anregende erotische Räuchermischung

Zutaten: *3 g Weihrauch • 5 g Myrrhe • 3 Patschuliblätter*
Diese Duftmischung für Ihre Räucherschale können Sie ganz einfach selbst herstellen. Vermischen Sie die Zutaten vorsichtig miteinander, und achten Sie darauf, dass die Blätter möglichst nicht beschädigt werden. Geben Sie auf 1 durchgeglühte Räucherkohle jeweils 1 Teelöffel dieser Mischung.

Gänseblümchensalat

Gänseblümchen kennen wir schon von klein auf als Liebesorakel: »Er liebt mich …, er liebt mich nicht …« Schon Ovid hat diese entzückenden Blümchen der Liebesgöttin Venus zugeordnet. Sie sind die ersten Boten des Sommers und begrüßen die Sonnenstrahlen als Verbündete aller Liebenden.
Zutaten (für 2 Personen): *1/4 Kopfsalat • 1/2 Bund Rauke • 1/4 Salatgurke • 1 große Tomate*
1 EL Kürbiskerne • 1 TL Kapern • 2 EL Himbeeressig
1 EL süßer Sherry • Salz, frisch gemahlener Pfeffer
1 TL Kräutersenf • 6 EL kaltgepresstes Olivenöl
1 Hand voll Gänseblümchenblüten
1 Putzen, waschen und trocknen Sie die Salatblätter, teilen Sie sie in mundgerechte Stücke auf. Waschen und trocknen Sie die Rauke. Schälen Sie die Salatgurke, und hobeln Sie sie in dünne Scheiben. Die Tomate wird gewürfelt und dabei der Stielansatz entfernt.
2 Geben Sie alle Zutaten, auch die Kürbiskerne und die Kapern, in eine Schüssel, und mischen Sie alles durch.

Haben Sie als kleines Mädchen auch Ketten aus Gänseblümchen geflochten und sich auf den Kopf gesetzt? Dann haben Sie intuitiv das Richtige getan. Gänseblümchen sind hochwirksame Liebespflanzen – und als Salat ganz besonders köstlich und gesund.

3 Für die Sauce verrühren Sie Essig, Sherry, Salz, Pfeffer und Kräuter miteinander und ziehen dann das Olivenöl mit einem Schneebesen unter.

4 Geben Sie die Sauce über den Salat, und mischen Sie alles gründlich durch. Zum Schluss garnieren Sie den Salat mit den Gänseblümchen.

Der Liebessalat für den richtigen Schwung

Den richtigen Schwung in Ihr Liebesleben bringt vor allem diese Kombination aus Rettich und Spargel. Dazu die richtige Kräutermischung, und dem erotischen Abend kann sich nichts mehr in den Weg stellen. Bereiten Sie diesen Salat mit besonders viel Liebe zu, bei jedem Schnitt, bei jedem Handgriff denken Sie an das, was Sie erreichen wollen.

Zutaten: 1 kleiner weißer Rettich • 1/2 Salatgurke 200 g Spinat • 200 g grüner Spargel • 1 Bund Schnittlauch • 1 Hand voll Kerbel • einige Brunnenkresseblättchen • 2 EL Sahne • Salz, frisch gemahlener Pfeffer 1 EL Balsamicoessig • 3 EL Olivenöl • 2 Eier

1 Schälen Sie den Rettich und die Gurke, und raspeln Sie beide mit der groben Reibe. Waschen und trocknen Sie einige Rettichblätter, und hacken Sie diese ganz fein. Der Spinat muss gründlich verlesen und mehrmals sorgfältig gewaschen werden.

2 Waschen Sie den Spargel, und schneiden Sie die holzigen Enden ab. Die Stangen schneiden Sie schräg in dünne Scheiben. Waschen Sie Kerbel, Schnittlauch und Brunnenkresse, trocknen und zerkleinern Sie alles.

3 Alle Salatzutaten geben Sie in eine Schüssel, zusammen mit der Sahne, Salz, Pfeffer, Essig und 1 Esslöffel Öl. Mischen Sie das Ganze gründlich durch.

4 Das restliche Öl geben Sie in eine Pfanne und braten die Spiegeleier damit. Würzen Sie mit Salz und Pfeffer.

Sellerie gilt nicht nur als potenzsteigernde Pflanze, sie eignet sich ganz hervorragend für eine Liebessuppe. Probieren Sie es aus, die Wirkung wird Sie überraschen.

5 Verteilen Sie den Liebessalat auf Portionsteller, und setzen Sie die Spiegeleier dekorativ darauf. Etwa Kresse auf die Spiegeleier sieht hübsch dazu aus.

Das Süppchen des Amor

Die Zutaten sind ideal für den ersten Abend zu zweit. Tomaten als Liebesboten, Petersilie und Sellerie für den richtigen erotischen Kick und Crème fraîche für den sanften Beginn einer neuen Beziehung. Diese Kombination verspricht eine absolut romantische Stimmung.

Zutaten: 500 g Tomaten • 1 Schalotte • 1 kleines Bund Suppengrün • 1 großes Bund Petersilie • 2 EL Öl 150 ml Gemüsefond (Glas) • 50 g Crème fraîche Salz, frisch gemahlener weißer Pfeffer • 1 Prise Zucker

1 Ziehen Sie den Tomaten die Haut ab, und halbieren Sie sie. Die Stielansätze werden herausgeschnitten. Die Schalotte wird abgezogen und sehr fein gehackt. Waschen Sie das Suppengrün und die Petersilie, und hacken Sie das Suppengrün grob. Die Petersilienstiele und etwa 2/3 der Blätter hacken Sie ebenfalls und legen den Rest der Petersilie zum Bestreuen der Suppe beiseite.

Die Farbe der Speisen ist wichtig: Rot, die Farbe der Liebe, wird von frischen Tomaten beigesteuert.

Zu diesem Liebessalat sollten Sie unbedingt Spargel servieren, denn Spargel ist eine besonders symbolträchtige Pflanze.

2 Erhitzen Sie das Öl, und braten Sie die Schalotte darin glasig an. Geben Sie die Tomaten, das Suppengrün und die zerkleinerte Petersilie dazu, und lassen Sie alles unter Rühren etwa 2 Minuten schmoren.

3 Den Gemüsefond gießen Sie jetzt dazu und lassen alles kurz aufkochen. Die Suppe sollte dann zugedeckt bei schwacher Hitze etwa 40 Minuten sanft kochen.

4 Die Petersilienblättchen, die übrig geblieben sind, hacken Sie nun ganz fein. Pürieren Sie die Suppe, oder streichen Sie sie durch ein Sieb. Mit der Crème fraîche zusammen geben Sie sie dann wieder in den Topf und erhitzen sie nochmals unter Rühren. Die Suppe wird nun noch mit Salz, Pfeffer und Zucker abgeschmeckt und auf die vorgewärmten Teller verteilt. Vor dem Servieren bestreuen Sie sie noch mit der fein gehackten Petersilie.

Petersilie liefert nicht nur reichhaltig Vitamin C, ihr frischer Geschmack ist auch ein kulinarischer Garant gegen Langeweile.

Spargel für das Essen »danach«

Auch Hexen denken nicht immer nur ans Essen, aber eine kleine Stärkung nach einem ausgiebigen Liebesspiel sollte schon sein. Dazu können Sie das folgende Gratin auch schon vorher vorbereiten. Kochen Sie die

Wenn Sie weißen Spargel verwenden, müssen Sie ihn je nach Dicke etwas länger garen.

Eier, und rühren Sie die Sauce an, der Spargel kann auch schon geputzt und vorgegart werden – übergießen Sie ihn mit Sauce, und stellen Sie ihn zugedeckt in den Kühlschrank. Erst wenn es Zeit für das verdiente Essen wird, nehmen Sie ihn heraus, reiben den Käse und decken den Tisch, während das Gratin im Ofen ist.

Zutaten: 3 Eier • 1 Bund Grüne-Sauce-Kräuter (Borretsch, Dill, Estragon, Kerbel, Kresse, Liebstöckel, Petersilie, Pimpernelle, Schnittlauch, Zitronenmelisse) 2 Schalotten • 30 g Pecorino • 75 g Remouladensauce (Tube oder Glas) • 1 TL mittelscharfer Senf • 3 EL Zitronensaft • Salz, frisch gemahlener Pfeffer • 1 kg dicke violette Spargelstangen • 1 Prise Zucker

1 Kochen Sie 2 Eier in 10 Minuten hart, gießen Sie sie ab, schrecken Sie sie kalt ab, schälen Sie sie, und hacken Sie sie klein. Waschen und trocknen Sie die Kräuter, entfernen Sie die Stiele, und hacken Sie den Rest fein. Die Schalotte ziehen Sie ab und zerkleinern sie fein. Der Pecorino wird gerieben.

2 Alle diese Zutaten werden mit dem verbliebenen rohen Ei, der Remouladensauce, Senf, Zitronensaft, Salz und Pfeffer verrührt.

3 Heizen Sie den Backofen auf 200 °C (Umluft 180 °C, Gas Stufe 3–4) vor. Die Spargelstangen werden gewaschen, geschält, und die holzigen Enden werden abgeschnitten. Bringen Sie reichlich Wasser mit Salz und Zucker zum Kochen. Garen Sie den Spargel darin etwa 2 Minuten.

4 Nehmen Sie die Stangen heraus, und geben Sie sie in eine Gratinform. Die Kräutersauce verrühren Sie mit 6 Esslöffel heißem Spargelsud und geben sie über die Spargelstangen. Betreuen Sie alles mit Pecorino.

5 Das Gratin sollte im heißen Backofen auf der mittleren Schiene etwa 15 Minuten überbacken werden.

Mit manchen Gerichten vereinen Sie delikaten Geschmack, gesundheitsfördernde Eigenschaften und magische Wirkungsstärke. Spargel eignet sich hierfür in mehrerlei Hinsicht.

Das Hochzeitsessen für ein sich liebendes Paar

Der Duft nach Moschus macht Trüffel zu einem unnachahmlich erotischen Lebensmittel. Dieses Rezept ist ideal für alle feierlichen Anlässe, die mit der Liebe zwischen zwei Menschen zu tun haben – egal ob Verlobung oder Silberhochzeit, mit den getrüffelten Kartoffeln liegen Sie immer richtig.

Große Ereignisse wie Hochzeiten und Jubiläen werden in nahezu allen Kulturen mit besonderen Mahlzeiten gefeiert. Hierzulande wird als Hauptmahlzeit leider viel zu häufig Fleisch gereicht. Kartoffeln mit Trüffeln sind eine köstliche Alternative dazu.

Zutaten (für 6 Personen): *6 mehlige oder vorwiegend fest kochende große Kartoffeln (ca. 1,2 kg) • 50 g Butter 1 Limette • 1 frischer schwarzer Trüffel (ca. 20 g) 250 g Sahne • 1 ganz frisches Eigelb • Salz, frisch gemahlener weißer Pfeffer*

1 Bürsten Sie die Kartoffeln unter fließendem Wasser gründlich ab, und kochen Sie sie in wenig Wasser ca. 40 Minuten weich.

2 Schneiden Sie inzwischen die Butter in kleine Stücke, und stellen Sie sie ins Tiefkühlfach. Die Limette waschen Sie und trocknen sie ab. Reißen Sie etwa 2 Teelöffel Limettenschale mit dem Juliennereißer ab, und stellen Sie den Rest zum Würzen der Sauce beiseite.

3 Den Trüffel bürsten Sie unter fließendem kalten bis lauwarmen Wasser gründlich ab. Gegebenenfalls lösen Sie Erdreste in den Vertiefungen der Schale mit einer Messerspitze vorsichtig heraus. Schälen Sie den Trüffel mit einem kleinen scharfen Messer.

4 Die Sahne gießen Sie in einen weiten Kochtopf. Nehmen Sie 3 Esslöffel davon ab, und verquirlen Sie sie mit dem Eigelb in einer Tasse.

5 Die Trüffelschalen geben Sie zu der Sahne in den Kochtopf. Bringen Sie alles zum Kochen, und lassen Sie es unter ständigem Rühren bei starker bis mittlerer Hitze sämig einkochen. Gießen Sie die Sauce durch ein Sieb, um die Trüffelschalen zu entfernen.

6 Geben Sie diese Trüffelsahne wieder in den Topf, und mischen Sie bei schwacher bis mittlerer Hitze die kalten Butterflöckchen nach und nach mit dem Quirl des Handrührers unter. Zum Schluss geben Sie die Eigelbsahne dazu.

7 Schmecken Sie die Sauce nun mit Salz, Pfeffer und einigen Spritzern Limettensaft ab.

8 Die Kartoffeln werden abgegossen, ausgedampft und auf gut vorgewärmten Tellern angerichtet.

Spaghetti à la Venus

Wer sollte besser wissen, wie erfolgreich verführt wird, als Venus, die Göttin der Liebe. Die nach ihr benannte Muschel hat daher auch nicht von ungefähr diesen verheißungsvollen Namen.

Zutaten: 1 Lauchzwiebel • 1 Knoblauchzehe
2 EL Butter • 1 Glas ausgelöstes Venusmuschelfleisch
im eigenen Saft • 100 ml Fischfond (Glas) • 200 g Sahne
Salz, frisch gemahlener Pfeffer • 1 EL Zitronensaft
200 g dünne Spaghetti

1 Putzen, waschen und trocknen Sie die Lauchzwiebel, und schneiden Sie sie in fingerlange Stücke. Die Stücke scheiden Sie in möglichst feine Streifen. Ziehen Sie den Knoblauch ab, und hacken Sie ihn.

2 Braten Sie die Lauchzwiebelstreifen in heißer Butter bei schwacher Hitze, bis sie gerade eben weich sind. Sie sollten dabei aber nicht braun werden. Nehmen Sie die Zwiebelstreifen wieder heraus, und stellen Sie sie auf einem Teller beiseite.

3 Gießen Sie das Muschelfleisch in ein Sieb, und lassen Sie es abtropfen. Den Knoblauch braten Sie in der heißen Butter bei schwacher Hitze glasig. Gießen Sie den Fond und die Sahne dazu, lassen Sie alles einmal aufkochen und bei starker Hitze unter Rühren dick-

Spaghetti vongole con amore: Mit diesem Gericht ist eine romantische Liebesnacht fast ganz sicher. Musikvorschlag: »Schöne Nacht, du Liebesnacht« aus der Oper »Hoffmanns Erzählungen« von Jacques Offenbach.

flüssig einkochen. Schmecken Sie mit Salz, Pfeffer und Zitronensaft ab. Zum Schluss mischen Sie die abgetropften Muscheln unter und erhitzen die Sauce nochmals, aber ohne sie aufzukochen.

4 Während die Sauce eindickt, kochen Sie die Spaghetti in reichlich Salzwasser, bis sie bissfest sind. Gießen Sie dann die Spaghetti ab, lassen Sie sie abtropfen, und vermischen Sie sie mit der Sauce und den Muscheln.

5 Richten Sie die Spaghetti auf heißen Tellern an, und belegen Sie sie mit den Lauchzwiebelstreifen. Servieren Sie das Gericht sofort.

Musikvorschlag für das Hexen-Dinner: Holly Cole, Jazziza (= Aziza Mustafa Zadeh), Klarinettenkonzert von Mozart (KV 622), die Jazz-Suiten von Schostakowitsch oder Kuschel-Rock. Ganz nach Ihren individuellen Vorlieben.

Das große Hexendinner für Verliebte

Schon immer bestand die große Kunst der Hexen darin, die richtigen Zutaten zusammenzustellen. Um Ihren Liebsten nach allen Regeln der Kunst zu verführen, sollten Sie dieses Dinner mit sehr viel Sorgfalt planen. Denken Sie schon beim Einkaufen daran, wie Sie Ihr Objekt der Begierde mit köstlichen Düften, wohlschmeckenden Gerichten und den dazu passenden Getränken um den Finger wickeln. Malen Sie sich beim Zubereiten aus, wie schön es werden wird.

Sprechen Sie Ihre Wünsche laut aus: Wie soll der Abend enden? Welchen Eindruck soll er von Ihnen haben? So zaubern Sie ein magisches Gericht für einen magischen Abend. Gestalten Sie auch die Tischdekoration sehr romantisch, mit roten Kerzen, roten Servietten, weißen Lilien und sanfter Musik.

Erster Gang – Lachs mit Rösti

Das ist ein Appetithäppchen der besonderen Art; servieren Sie dazu ein Glas Kir Royal. Kir Royal öffnet neben dem Magen auch die Sinne und die Sinnlichkeit.

Venus, die Göttin der jugendlichen Liebe, in den Spaghetti à la Venus verkörpert (Rezept Seite 53), wacht auch heute noch über die Liebe zwischen den Menschen, indem sie als Abendstern die Nacht erhellt.

Servieren Sie diesen Drink unmittelbar vor dem Menü. Dazu geben Sie ca. 2 Milliliter Cassislikör in ein Sektglas und füllen es mit Champagner auf.

Allein schon der Sellerie, der Meerrettich und der Lachs bewirken eine knisternde erotische Atmosphäre, das Beifußkraut befreit von üblen Gedanken.

Zutaten (für 2 Personen): 1 große oder 2 kleine Kartoffeln • 1/2 kleine Knolle Sellerie • Salz, Pfeffer Distelöl • 300 g dünn geschnittener Räucherlachs Zitrone • 5 g Beifußkraut • Meerrettich

1 Schälen Sie die Kartoffeln und den Sellerie, und raspeln Sie alles zusammen ganz fein. Würzen Sie die Mischung mit etwas Salz und Pfeffer.

2 Geben Sie Öl in eine Pfanne, und backen Sie aus der Mischung 2 größere Röstifladen.

3 Servieren Sie nun die Vorspeise auf zwei schönen großen Tellern, indem Sie das Rösti jeweils in die Mitte setzen und den Lachs an der Seite dazu garnieren. Auf den Lachs geben Sie 1 Spritzer Zitrone und das klein geschnittene Beifußkraut, den Meerrettich häufeln Sie dekorativ daneben.

Meerrettich und frische Zitrone: scharfe Würze für geschärfte Sinne.

Zweiter Gang – Gemüsesuppe für Feinschmecker

Als Kinder haben wir darüber nur die Nase gerümpft, aber eine gute Gemüsesuppe ist heute aus keinem Menü mehr wegzudenken. Zu dieser Gemüsesuppe servieren Sie am besten einen ganz leichten, trockenen Weißwein. Liebstöckel, auch bekannt als Maggikraut, ist nicht nur sehr aromatisch, er hat auch eine erotisierende Wirkung. In diesem Fall kann man wirklich sagen: »Liebe geht durch den Magen.«

In den Kräutern liegt die Kraft: Ob Sie nun Sauerampfer oder Brunnenkresse bevorzugen, Sie sollten auf jeden Fall frische Kräuter vom Markt holen. Da spielt der Preis nun nicht die entscheidende Rolle, denn getrocknete Kräuter besitzen nur noch einen Bruchteil ihrer ursprünglichen Wirkung.

***Zutaten (für 2 Personen):** 1 Bund Kerbel • 1/2 Knolle Sellerie • 2 kleine Tomaten • 1 Hand voll Liebstöckel 1 gehäufter EL Instantgemüsebrühe • Salz, Pfeffer 1 Bund Petersilie*

1 Waschen Sie den Kerbel, und schälen und raspeln Sie den Sellerie.

2 Die Tomaten überbrühen Sie kurz mit kochendem Wasser, damit Sie die Haut abziehen können, und würfeln das Fruchtfleisch anschließend.

3 Geben Sie alles zusammen – mit dem Liebstöckel – in 1 Liter kochende Gemüsebrühe. Nach ca. 15 Minuten ist die Suppe fertig.

4 Schmecken Sie sie noch mit etwas Salz und Pfeffer ab, und geben Sie kurz vor dem Servieren – bereits auf den Tellern – die klein gehackte Petersilie darüber.

Dritter Gang – Salatvariation mit Spargel

Ein frischer Salat mit frischen Kräutern darf in keinem guten Menü fehlen. Er öffnet den Magen wieder für Neues.

Damit der Salat auch dekorativ aussieht, können Sie ein paar Spargelspitzen und kleine Sträußchen Petersilie erst dann darauf dekorieren, wenn die Sauce untergemischt ist.

Zutaten (für 2 Personen): 1 kleiner Kopfsalat • einige Blätter Radicchio • 1 Glas junger Spargel • 1 kleine Zwiebel • 1/2 Bund Petersilie • 1 Bund Schnittlauch 1 Hand voll Sauerampferblätter • 250 g Joghurt je 2 EL Sahne, Apfelessig und Sonnenblumenöl Salz, Pfeffer

1 Waschen und zerkleinern Sie den Kopfsalat und den Radicchio. Schneiden Sie den Spargel in mundgroße Stücke, und geben Sie alles zusammen in eine schöne große Salatschüssel.

2 Die Zwiebel wird fein gewürfelt und mit der gehackten Petersilie, dem klein geschnittenen Schnittlauch und den ganzen Sauerampferblättern auf den Salat gegeben.

3 In einer kleinen Schüssel rühren Sie Joghurt, Sahne, Essig und Öl zusammen und schmecken die Sauce mit Salz und Pfeffer ab.

4 Geben Sie die Sauce erst kurz vor dem Servieren auf den Salat, und mischen Sie alles gut durch.

Vierter Gang – Steak mit roter Sauce

Für die Steaks müssen Sie sich leider nochmals für zehn Minuten in die Küche stellen, aber eine gute Vorbereitung ist alles. Servieren Sie dazu einen blumigen Rotwein.

Die Träne gibt dem Essen den magischen Hauch, Ihr ganz persönlicher Beitrag, und genau das wird jeden Menschen, der davon isst, an Sie binden.

Zutaten (für 2 Personen): 200 g Spaghetti • 1 Zwiebel 1 EL Olivenöl • 150 ml pürierte Tomaten • frisches Basilikum • Salz, Pfeffer • 1 TL Zucker • 2 kleine Angussteaks • je 1 TL Oregano, Thymian und Estragon

1 Kochen Sie die Spaghetti vor, so dass Sie sie nur noch kurz ins kochende Wasser geben müssen, wenn die Steaks fast fertig sind.

Eine hochwirksame magische Zutat sind Tränen. Nicht nur bei diesem Steak, sondern bei allen Fleischgerichten können Sie die Wirkung mit Tränen erheblich steigern.

Durch ihren hohen Anteil an Katechinen (Gerbstoffen) binden Erdbeeren viele Giftstoffe im menschlichen Körper. Weiterhin enthält die Erdbeere besonders viel Mangan: Dieses Supermineral steigert die Libido und regt die Hormone an. Und das ist doch das erwünschte Ziel.

2 Für die Tomatensauce braten Sie die klein gewürfelte Zwiebel kurz in Öl an, geben die pürierten Tomaten dazu und lassen sie leise kochen.

3 In die Sauce geben Sie 1 Hand voll frischer Basilikumblätter, Salz, Pfeffer und den Zucker.

4 Ganz zum Schluss würzen Sie die Sauce noch mit 1 Träne aus Ihrem linken Auge (beim Zwiebelschneiden auf einen Teelöffel tropfen lassen!).

5 Die Steaks würzen Sie mit Salz, Pfeffer, Oregano, Thymian und Estragon.

6 Geben Sie sie erst dann in die Pfanne, wenn das Öl richtig heiß ist. Braten Sie sie auf beiden Seiten ca. 3 bis 4 Minuten an.

Fünfter Gang – Erdbeeren mit kandierten Veilchen

Der Nachtisch rundet das Dinner ab. Servieren Sie dazu einen Portwein und eventuell einen doppelten Espresso. Die kandierten Veilchen sind nicht nur schön anzuschauen, in mythologischem Sinn stehen sie für Freundschaft und Harmonie.

Zutaten (für 2 Personen): 1 Eiweiß • 10–15 Veilchenblüten • Puderzucker • 400 g frische Erdbeeren Sahne • Zucker

1 Kandieren Sie die Veilchenblüten schon ein paar Tage vorher, denn sie brauchen Zeit zum Trocknen. Dazu schlagen Sie 1 Eiweiß, bis es schäumt, tauchen die Veilchen darin ein und wenden sie dann in einem Teller mit Puderzucker.

2 Legen Sie die kandierten Veilchen auf einem Rost an einen hellen, warmen Platz, und lassen Sie sie ein paar Tage trocknen.

3 Halbieren Sie die frischen Erdbeeren, geben Sie Sahne und Zucker dazu, und dekorieren Sie die kandierten Veilchen nach Geschmack.

Das indische Hochzeitsmahl

Wenn Sie dieses Gericht zur Hochzeit Ihrer besten Freundin servieren, wünschen Sie ihr damit eine besonders gesegnete Ehe. Duftender Basmatireis für die Fülle der Liebe und als Dekoration Blattgold für Glück und Reichtum sind ein äußerst treffendes, großzügiges und liebevolles Geschenk.

Zutaten (für 6 Personen): 750 g Lammkeule (ohne Knochen) • 2 Zwiebeln • 2 Knoblauchzehen • 1 rote Pfefferschote • 1 Stück frischer Ingwer (ca. 3 cm lang) 1 unbehandelte Zitrone • 400 g Basmatireis • 80 g Butterschmalz • 1 TL gemahlener Kreuzkümmel • 1/4 TL gemahlene Muskatblüte • frisch geriebene Muskatnuss Kardamonkapseln • 1/2 TL schwarze Pfefferkörner Salz • 400 ml Geflügelfond (Glas) • 200 griechischer Sahnejoghurt • 2 TL Safranfäden • 1 Zimtstange 50 g Mandelstifte • 50 g Cashewnüsse • 50 g Rosinen 2 EL Erdnussöl • 1 Bund frischer Koriander

1 Schneiden Sie das Fleisch in etwa 2 Zentimeter große Stücke. Die Zwiebeln schneiden Sie in dünne Scheiben, den Knoblauch und die geputzte Pfefferschote hacken Sie ganz fein. Der geschälte Ingwer wird gerieben. Schälen Sie ein großes Stück Zitronenschale dünn ab. Pressen Sie den Saft aus, und weichen Sie den Reis in reichlich Wasser ca. 30 Minuten ein.

2 In einer großen Pfanne erhitzen Sie 3 Esslöffel Butterschmalz und braten darin Zwiebeln, Knoblauch, Pfefferschote und Ingwer bei schwacher Hitze unter Rühren an, bis die Zwiebeln weich und leicht braun sind. Nehmen Sie alles aus der Pfanne heraus.

3 Geben Sie etwa die Hälfte des verbliebenen Butterschmalzes zum Bratfett dazu, und rösten Sie darin alle Gewürze bei schwacher Hitze etwa 1 Minute an.

Die verlockenden Düfte Indiens können Sie sich mit diesem Gericht nach Hause holen. Besonders mit gutem Basmatireis wird das Mahl zur reinen Delikatesse.

Der indische Hochzeitsreis besteht aus duftendem Basmatireis, der die Fülle der Liebe widerspiegelt.

Die indische Kultur war schon immer etwas sinnenfreudiger als die unsrige. Frischer Ingwer, Safran und eine Vielzahl anderer Gewürze im Hochzeitsmahl stellen dies unter Beweis.

4 Geben Sie das Fleisch dazu, und lassen Sie es bei mittlerer Hitze braun anbraten. Rühren Sie ab und zu um.

5 Mischen Sie nun die Hälfte des Fonds unter, und lassen Sie alles bei starker Hitze etwas einkochen. Geben Sie den Joghurt, Zitronenschale und -saft dazu, und mischen Sie das Ganze. Die Sauce sollte bei starker Hitze eindicken. Dann lassen Sie sie bei schwacher Hitze noch etwa 20 Minuten kochen.

6 Verrühren Sie die Safranfäden mit 3 Esslöffel heißem Wasser, und lassen Sie diese ziehen, bis der Reis gar ist. Heizen Sie den Backofen auf 200 °C (Umluft 180 °C, Gas Stufe 3–4) vor.

7 Kochen Sie den Reis mit dem Einweichwasser auf, rühren Sie dabei ab und zu um, und lassen Sie den Reis bei schwächster Hitze 10 Minuten lang garen. Danach wird der Reis durch ein Sieb gegossen. Anschließend mischen Sie den Safran unter.

8 Streichen Sie einen Bratentopf mit dem restlichen Butterschmalz aus, und füllen Sie die Hälfte des Reises hinein. Verteilen Sie darauf die Zwiebel-Knoblauch-Mischung und das Fleisch mit der Schmorflüssigkeit. Legen

Sie dann die Zimtstange dazu, und geben Sie den restlichen Reis darauf. Den Rest des Geflügelfonds gießen Sie an den Seiten dazu.

9 Lassen Sie den Hochzeitsreis im Ofen auf der unteren Schiene zugedeckt 20 Minuten schmoren.

10 Die Mandeln, die Nüsse und die Rosinen braten Sie in heißem Öl bei mittlerer Hitze unter ständigem Rühren etwa 1 Minute lang an, bis die Mandeln und die Nüsse leicht gebräunt sind. Nehmen Sie alles wieder heraus, und stellen Sie es auf einem Teller beiseite.

11 Wenn der Reis fertig ist, häufen Sie ihn kegelförmig auf eine vorgewärmte Platte und bestreuen ihn mit den Mandeln, den Nüssen und den Rosinen.

12 Die Korianderblätter werden grob zerkleinert und ebenfalls darüber gestreut. Den Rand der Platte können Sie nun noch mit Blattgold verzieren.

Das italienische Lotterbett

Sie kennen das: Gerade hat man sich's im Bett so richtig gemütlich gemacht, die erste Leidenschaft ist ausgetobt, aber trotz Appetit und Hungergefühl möchte man noch nicht voneinander lassen. Hier also dazu ein kleines Appetithäppchen, das Sie auch genüsslich im Bett verzehren können. Vielleicht macht es ja auch Appetit auf mehr und mehr und mehr …

Zutaten für die Crostini: *2 große Fleischtomaten 1 Knoblauchzehe • Salz • 2 EL Olivenöl • 2 große Scheiben Crostinibrot oder italienisches Landbrot*
Zutaten für die Barben: *2 küchenfertige Rotbarben (je ca. 250 g) • 2 EL Zitronensaft • Salz, frisch gemahlener Pfeffer • 1 TL getrockneter Thymian • 1 EL Öl 2 EL Butter*

1 Heizen Sie den Backofen auf 250 °C (Umluft 230 °C, Gas Stufe 6) vor. Ziehen Sie die Tomaten ab, und hacken

Essen und lieben im Bett – wer könnte dieser Verlockung wirklich widerstehen? Mit diesen Crostinis und Barben halten Sie fast jeden in Ihrem Bett fest.

Sie sie klein. Der Knoblauch wird ebenfalls abgezogen und zerdrückt. Vermischen Sie die Tomaten mit dem Knoblauch, 1 Prise Salz und Olivenöl.

2 Legen Sie die Brotscheiben nebeneinander auf ein Backblech, und verteilen Sie das Tomatenpüree gleichmäßig darauf. Schieben Sie das Blech in den heißen Ofen auf die mittlere Schiene, und backen Sie das Ganze etwa 10 Minuten.

3 Inzwischen beträufeln Sie die Rotbarben innen mit Zitronensaft und würzen sie innen und außen mit Salz, frisch gemahlenem Pfeffer und Thymian.

4 Erhitzen Sie Öl und Butter in einer großen Pfanne, und braten Sie die Fische darin bei mittlerer Hitze ungefähr 3 Minuten pro Seite. Legen Sie die Fische auf vorgewärmte Teller, und servieren Sie die Crostini heiß aus dem Ofen dazu.

Rebhühner für die lange Liebe

Granatäpfel sind, so wie Äpfel und Tomaten, Symbolfrüchte für die Liebe. Der Gott der Unterwelt, Hades, gab sie seiner angebeteten Persephone mit, bevor er sie wieder auf die Erde zu ihrer Mutter Demeter ließ. Damit konnte er sicher sein, dass sie zu ihm zurückkehren würde.

***Zutaten:** 100 g kleine Schalotten • 1 Granatapfel 100 ml Kalbsfond (Glas) • 2 küchenfertige Rebhühner (je ca. 200 g) • Salz, frisch gemahlener Pfeffer 1 EL Öl • 1 1/2 EL Butter • 1/2 EL Zucker 1 EL Limettensaft • 2 Stängel Petersilie*

1 Heizen Sie den Backofen auf 180 °C (Umluft 160 °C, Gas Stufe 2–3) vor. Ziehen Sie die Schalotten ab, halbieren Sie den Granatapfel quer, kratzen Sie die Kerne heraus. Fangen Sie den Saft unter einem Sieb auf, und mischen Sie ihn mit dem Kalbsfond.

Zauberhaft kochen, das geht nur mit den richtigen Zutaten. Die legendären Granatäpfel sind ein wichtiges Mittel, um in Sachen Liebe weiterzukommen.

Heiße Rotbarben werden für das italienische Lotterbett (Rezept Seite 61) verwendet. Sie sind leicht zubereitet, und sie erinnern an den Urlaub in der Toskana.

2 Die Rebhühner werden gewaschen, trockengetupft und mit Salz und Pfeffer gewürzt. Erhitzen Sie das Öl und 1/2 Esslöffel Butter in einem Bratentopf. Braten Sie die Rebhühner darin bei mittlerer Hitze pro Seite etwa 4 Minuten an. Gießen Sie die Hälfte des Fonds dazu. Schieben Sie den Bratentopf ohne Deckel in den heißen Ofen. Braten Sie die Rebhühner etwa 35 Minuten, und begießen Sie sie dabei immer wieder mit dem Sud.

3 Erhitzen Sie die restliche Butter, und bringen Sie darin den Zucker bei schwacher Hitze unter Rühren zum Schmelzen. Geben Sie Limettensaft und Schalotten dazu, und lassen Sie alles etwa 1 Minute schmoren.

4 Gießen Sie nun die restliche Fondmischung dazu, würzen Sie mit Salz und Pfeffer, und lassen Sie alles 10 Minuten garen. Die Granatapfelkerne werden untergemischt und erhitzt.

5 Halbieren Sie die Rebhühner, und legen Sie sie auf gut vorgewärmte Teller. Richten Sie die Schalotten mit den Granatapfelkernen daneben an. Waschen, trocknen und hacken Sie die Petersilie, und streuen Sie sie über die Rebhühner.

Vorsicht beim Umgang mit Granatäpfeln: Die wunderbar tiefe Röte des Safts hinterlässt deutliche Spuren auf Tischwäsche und Kleidung.

Familienzauber

Diese köstliche Süßspeise für die ganze Familie ist das Mahl der Gemeinschaft, es stärkt den Zusammenhalt und die Verbundenheit.

Marzipan gehört zu den wichtigen Wirkungsträgern magischer Süßspeisen: Die göttliche Mischung aus Mandeln, Zucker und Rosenwasser bindet Wünsche ganz fest in die Masse ein. Wer dann dieses Marzipan zu sich nimmt, übernimmt automatisch diese Wünsche als seine eigenen.

Genauso wie Isis für ihre Liebe zu Osiris, ihrem Bruder, kämpfte, seinen zerstückelten Leichnam aus allen Teilen der Welt wieder zusammensuchte, ihm neues Leben schenkte und ihm ihren Sohn Horus gebar, können Sie auch viel tun, um ihre Familie zu stärken und gegen die Außenwelt zu schützen.

Zutaten (für 8 Personen): 1 EL weiche Butter
2 EL feiner Zucker • 50 g Marzipanrohmasse
1/4 l Milch • 1 TL Vanillezucker • 2 cl weißer Portwein
abgeriebene Schale von 1/2 unbehandelten Zitrone
1 Prise Salz • 50 g Mehl • 4 Eier • 50 g Puderzucker
125 g gemahlene Mandeln

1 Streichen Sie eine Souffléform von etwa 2 Liter Inhalt dünn und gleichmäßig mit Butter aus, und streuen Sie sie mit dem feinen Zucker aus. Schneiden Sie die Marzipanrohmasse in kleine Stücke.

2 Die Milch wird mit Vanillezucker, Portwein, Zitronenschale, Salz und Mehl in einem Topf mit dem Schneebesen kräftig verquirlt. Mischen Sie dann die Marzipanstückchen unter.

3 Setzen Sie den Topf auf die Kochstelle, und lassen Sie die Mischung unter ständigem Rühren aufkochen, bis sie gleichmäßig dick ist.

4 Füllen Sie den Brei in eine Schüssel, und rühren Sie 1 Ei unter. Lassen Sie alles abkühlen.

5 Die restlichen Eier trennen Sie. Schlagen Sie das Eiweiß mit 1 Esslöffel Puderzucker steif. Nehmen Sie 1 weiteren Esslöffel Puderzucker zum Bestreuen des Soufflés ab, und stellen Sie ihn beiseite.

6 Rühren Sie zuerst die Eigelbe, dann den restlichen Puderzucker und zuletzt 1/4 des Eischnees mit dem Schneebesen in den Marzipanbrei ein.

7 Den restlichen Eischnee setzen Sie mit dem Spatel auf die Soufflémasse auf. Streuen Sie die Mandeln darüber, und ziehen Sie jetzt Eischnee und Mandeln mit dem Schneebesen unter. Füllen Sie den Teig in die Form, und bestreuen Sie ihn mit dem verbliebenen Puderzucker.

8 Stellen Sie das Soufflé in den kalten Backofen auf die untere Schiene, und backen Sie es bei 180 °C (Umluft 160 °C, Gas Stufe 2–3) etwa 45 Minuten, bis es hoch aufgegangen, an der Oberfläche aufgeplatzt und schön gebräunt ist.

Verführung à la Zeus

Die Erdbeere war dem Göttervater Zeus zugeordnet. Seine einfallsreichen Verführungskünste sind ja heute noch wohlbekannt.

Für Ihren eigenen Weg, Ihren Traumpartner endlich für sich zu gewinnen, sollten Sie die ganze Kraft der Erdbeerpflanze nutzen. Stellen Sie deshalb zusätzlich ein Sträußchen davon auf den Tisch. Erdbeeren vermitteln eine wunderbare Mischung aus Unschuld und raffinierter Erotik.

Zutaten: 8 schöne große Erdbeeren • 50 g Edelbitterschokolade • 50 g Vollmilchschokolade • 1 TL Orangenlikör • 1 TL Sonnenblumenöl für die Platte 100 g Sahne • 1 EL Vanillezucker

1 Fassen Sie die Erdbeeren vorsichtig an den Kelchen, und spülen Sie sie nacheinander in einer großen Schüssel mit kaltem Wasser.

2 Die Früchte müssen sofort mit einer Serviette trockengetupft und nebeneinander auf ein Küchentuch gelegt werden.

Was kann erotischer sein als Erdbeeren mit Schokolade? Hier treffen zwei Stars des »Eroticfood« aufeinander.

3 Brechen Sie die Schokolade in Stücke, geben Sie sie in einen kleinen Topf, und lassen Sie sie im heißen Wasserbad flüssig werden. Rühren Sie den Likör unter.

4 Tauchen Sie die Erdbeeren in die flüssige, lauwarme Schokolade, und geben Sie sie dann so auf eine Platte, dass sie möglichst nicht auf der »Schokoladenseite« liegen. Lassen Sie die Schokolade erkalten.

5 Zum Servieren schlagen Sie die Sahne mit Vanillezucker steif und spritzen sie als Rosetten auf die Teller. Die Erdbeeren richten Sie zum Eintunken daneben an.

Exotische Früchte sind nicht nur gesund und wohlschmeckend, sie vereinen darüber hinaus noch das fremde und prächtige Aussehen mit einem neuartigen und ungewohnten Geschmack...

Exotische Früchte für die allumfassende Liebe

Ein Salat voller Wunderfrüchte, genau das Richtige für den Abschluss eines wunderbaren Essens mit Ihren Liebsten. Litschis waren die Lieblingsfrüchte kaiserlicher Konkubinen im alten China. Orangen wuchsen nach dem Glauben der Griechen im schönsten Garten, bewacht von zauberhaften Nymphen. Nur Herkules, dem Sinnbild der Stärke, gelang es, die »Äpfel der Hesperiden« zu rauben. Was ein scheinbar unschuldiger Apfel angerichtet hat, wissen wir ja alle. Und schließlich die Datteln im Salat: Diese Früchte durften im babylonischen Reich nur von Priestern kultiviert werden.

***Zutaten (für 6 Personen):** 1/4 l Milch • 3 gestrichene EL Sahnepuddingpulver • 1/2 TL Lebkuchengewürz 50 g Zucker • 1 unbehandelte Orange • 100 g Schlagsahne • 6 frische Litschis • 2 reife Karambolen 3 Kumquats • 1 Banane • 200 g frische Datteln • 1 grüner Apfel (z. B. Granny Smith) • 2 cl Orangenlikör oder weißer Fruchtsaft • 1/2 EL Honig • 2 EL Kokosflocken*

1 Für die Creme rühren Sie die Hälfte der Milch mit dem Puddingpulver und dem Lebkuchengewürz glatt. Den Rest der Milch kochen Sie mit dem Zucker auf. Mischen Sie den angerührten Pudding unter, und kochen

Sie ihn unter Rühren auf, bis er dickflüssig ist. Lassen Sie ihn abkühlen, bis er lauwarm ist, und rühren Sie dabei häufig um. Passieren Sie den Pudding durch ein Sieb.

2 Die Orange waschen Sie heiß ab, lassen sie abtrocknen und reiben dann reichlich Schale ab. Pressen Sie den Saft aus. Schlagen Sie die Sahne steif.

3 Mischen Sie Orangenschale und ausgepressten Saft unter die Creme. Ziehen Sie Sahne unter die Creme. Kühlen Sie die Creme, bis der Obstsalat fertig ist.

4 Lösen Sie die Litschis aus der Schale, halbieren Sie sie, und befreien Sie sie vom Kern. Die Karambolen und die Kumquats waschen und in Scheiben schneiden. Schälen Sie die Banane, und schneiden Sie sie ebenfalls in Stücke. Halbieren Sie die Datteln, und schneiden Sie sie in Streifen, entfernen Sie dabei die Kerne. Waschen Sie den Apfel, vierteln Sie ihn, befreien Sie ihn vom Kerngehäuse, und teilen Sie ihn in dünne Schnitze.

5 Mischen Sie das Obst in einer Schüssel mit dem Likör und dem Honig, und geben Sie es auf Dessertteller. Verteilen Sie die Orangencreme darüber, und bestreuen Sie alles mit den Kokosflocken.

. . . All das steigert die Aufmerksamkeit und erhöht die Neugier. Also genau richtig für Ihren Zweck.

Verwenden Sie für den exotischen Früchtetraum nur reife Litschis, die eine rosa oder rötlich gefärbte Schale besitzen. Der Geschmack der Litschis erinnert an eine Mischung aus Erdbeere, Rose und Muskatnuss.

Die Fruchtbarkeitstorte

Mohn regt nicht nur die männliche Potenz an, er wirkt auch stark auf die Fruchtbarkeit. Feiern Sie das Ereignis, Nachwuchs zu zeugen, mit dieser Torte. Und glauben Sie mir: Es wird die wunderbarste Nacht Ihres ganzen Lebens sein.

Mohn besitzt legendäre Wirkungen: Er steigert die Potenz, erhöht die Fruchtbarkeit – und er spornt die Lust bei beiden Partnern an. Nicht umsonst werden die stärksten Opiate (Heroin, Opium, Morphium) auch aus Mohn gewonnen. Aber keine Angst: Der bei uns erhältliche Mohn ist in keiner Weise gesundheitsgefährdend.

Zutaten (für 8 Stücke)

Teig: *100 g Mohn • 25 g Mandeln • 100 g weiche Butter 60 g Zucker • 1 Prise Salz • 1/2 EL Vanillezucker 4 mittelgroße Eier • 50 g Mehl • 25 g Speisestärke 1 TL Backpulver • 1 TL Orangensaft • Fett für die Form*
Füllung: *1 mittelgroßes, ganz frisches Ei • 1/2 Vanilleschote • 2 EL Zucker • 25 g Speisestärke • 1/4 l Milch 2 EL Kaffeelikör*
Guss: *200 g Halbbitterkuvertüre • 50 g Mandelblättchen zum Bestreuen*

1 Mahlen Sie den Mohn und die Mandeln getrennt voneinander. Rühren Sie die Butter, den Zucker, das Salz und den Vanillezucker schaumig. Trennen Sie die Eier, und rühren Sie die Eigelbe nacheinander unter. Mehl, Speisestärke, Mohn, Mandeln und Backpulver rühren Sie gemischt unter.

2 Schlagen Sie das Eiweiß mit Orangensaft steif, und heben Sie es unter.

3 Streichen Sie den Teig in einer gefetteten Springform (22 Zentimeter Durchmesser) glatt, und schieben Sie ihn in den kalten Backofen auf die untere Schiene. Backen Sie den Teig bei 200 °C (Umluft 180 °C, Gas Stufe 3–4) etwa 40 Minuten.

4 Trennen Sie das Ei, und verrühren Sie das Eigelb mit dem Mark der Vanilleschote, Zucker, Speisestärke und 3 Esslöffeln Milch. Gießen Sie dann die restliche Milch zu, und lassen Sie alles unter Rühren aufkochen.

5 Streichen Sie die abgekühlte Vanillecreme durch ein feines Sieb. Ziehen Sie das steif geschlagene Eiweiß und den Likör unter. Schneiden Sie den abgekühlten Kuchenboden waagerecht durch, füllen Sie ihn mit der Creme, und setzen Sie ihn wieder zusammen. Überziehen Sie den Kuchen dick mit der flüssigen Kuvertüre, und bestreuen Sie ihn mit den Mandelblättchen.

Pflaumen für das Erwachen der Weiblichkeit

Pflaumenbäume gelten in östlichen Ländern als Symbol für das weibliche Erwachen und für die Jugend. Ihre zarten Blüten öffnen sich noch bevor die Blätter sprießen. Daher sind Pflaumen ein ideales Festmahl für den Übergang junger Mädchen von der Kindheit in die Pubertät.

Zutaten (für 6 Personen): 500 g gelbe oder blaue Pflaumen • 1/8 l weißer Traubensaft • 4 cl Armagnac oder Weinbrand • 1–2 EL Ahornsirup • 1 ganz frisches Ei • 500 g Mascarpone • 2 EL Puderzucker • 1 TL Zitronensaft • 2 Zweige Minze

1 Waschen Sie die Pflaumen, und geben Sie sie zusammen mit Traubensaft und Armagnac in einen Topf. Bringen Sie sie zugedeckt bei starker Hitze zum Kochen, und lassen Sie sie bei schwacher Hitze etwa 10 Minuten dünsten, bis die Pflaumen weich sind.

2 Entfernen Sie die Pflaumenkerne, und mischen Sie sie mit dem Ahornsirup. Lassen Sie die Pflaumen abkühlen.

3 Für die Creme trennen Sie das Ei. Verrühren Sie das Eigelb mit Mascarpone, 5 bis 6 Esslöffeln Dünstflüssigkeit der Pflaumen und mit Puderzucker.

4 Schlagen Sie das Eiweiß mit Zitronensaft steif, und ziehen Sie es unter die Creme.

5 Vermischen Sie die gedünsteten Pflaumen locker mit der Creme, füllen Sie die Mischung in Portionsschälchen, und garnieren Sie sie mit Minzeblättchen.

Nebenstehende Süßspeise ist verboten verlockend. Pflaumen, Ahornsirup, Mascarpone und Minze – wer wollte da widerstehen?

Rezepte für Schutz und Abwehr

Schutz ist nicht nur eine Vorsichtsmaßnahme, negative Energien von außen abzuwenden, Schutz gibt uns auch die Sicherheit, uns frei und glücklich zu fühlen. Umgekehrt wirkt innere Freiheit und glückliches Lebensgefühl als Schutz gegen Angriffe.

Glück als Waffe

Im Folgenden finden Sie Kochrezepte, die glücklich machen und Sie dadurch schützen.

Kräuterstrauß für die Haustür

Zutaten: *1 Königskerze • Wermut • Kamille • Minze Rosmarin • Holunder • Buschwindröschen • Kornblumen • Tausendgüldenkraut*
Binden Sie aus diesen 9 Kräutern einen Strauß, wobei die Königskerze in der Mitte steht. Trocknen Sie ihn 1 Woche bei abnehmendem Mond, und hängen Sie ihn bei Vollmond über Ihre Haustür. Er wird Ihr Haus vor schlechten Energien beschützen.

Rituelle Reinigung

Negative Gedanken oder Einflüsse können sich überall einnisten, in heimischen Räumen ebenso wie am Arbeitsplatz. Diese kraftzehrenden Schwingungen können durch eine rituelle Räucherung beseitigt und in eine positive Atmosphäre umgewandelt werden.
Zutaten: *1 Räucherschale • Räucherkohle • getrockneter Salbei • 1 l Apfelessig*

Die Welt ist voller negativer Gefühle wie Neid, Hass, Eifersucht oder Missgunst. Da es nirgends ein Mittel gibt, um diese Gefühle ins Positive zu wenden, müssen Sie sich und Ihre Liebsten davor schützen. Schutzrezepte gibt es zum Glück viele.

Für die Bereitung magischer Tees eignen sich viele Kräuter. Jedes einzelne hat seine ganz speziellen Wirkstoffe, die für unser Wohlbefinden eingesetzt werden können.

▶ **Zaubersprüche bei der Räucherung**

Räuchern Sie die Wohnung oder Ihr Büro mit dem Salbei. Dazu wird der Salbei in einer tragbaren Räucherschale entzündet. Schwenken Sie die Räucherschale in alle vier Himmelsrichtungen – beginnend im Osten –, und sprechen Sie dabei die folgenden Worte:

> *»Böser Geist, verweh! Hebe Dich hinweg!*
> *Guter Geist, trete ein! Nehme alles Böse mit!*
> *Schütze mich vor Unheil, Angst und Not!«*

Danach nehmen Sie ein Vollbad, in das Sie eine Flasche Apfelessig geben, um die Reinigungswirkung zu verstärken. In der Badewanne sagen Sie dann mehrmals laut und deutlich:

> *»Alle Wesen, die ich nicht gerufen habe*
> *und die nicht zu mir gehören, heben sich*
> *für immer hinweg!«*

Baden Sie auch Ihre Haare in dem Essigwasser, da die Haare unsere Antennen sind, an denen sich schlechte Energien am schnellsten festsetzen können.

Negative Gefühle dringen am schnellsten über die Haare in den Körper ein, denn Haare funktionieren wie Antennen für die emotionale Welt. Halten Sie daher Ihre Haare immer besonders rein und geschützt, z. B. mit etwas Apfelessig im Shampoo.

Auflösung von Ärger und Wut

Dieses Rezept soll Ihnen helfen, innere Spannungen, die sprichwörtliche Wut im Bauch, also extrem belastende und behindernde Situationen aufzulösen. Anschließend können Sie wieder klarer denken und ohne inneren Groll die für Sie richtige Entscheidung treffen. Das Ritual ist ganz einfach, Sie können es also an jedem Tag und zu jeder Zeit durchführen, immer wenn Ihnen gerade danach ist.

Zutaten: *1 Flasche Apfelessig • Rosen-, Vanille- oder Lavendelöl • 15 Teelichter • Lindenblütentee*

1 Nehmen Sie zunächst ein Essigbad. Lassen Sie heißes Wasser in die Badewanne laufen, und schütten Sie die Flasche Apfelessig dazu. Baden Sie in diesem Wasser, und spülen Sie auch Ihre Haare gründlich mit dem Essigwasser.

2 Ziehen Sie sich danach etwas Bequemes an.

3 Stellen Sie sicher, dass Sie in dem Raum, in dem Sie das Ritual durchführen, eine entspannte Atmosphäre haben werden. Legen Sie eine ruhige Musik auf, zünden Sie eine Duftlampe an, und geben Sie ein paar Tropfen Rosen-, Vanille- oder Lavendelöl in das Wasser. Bilden Sie um sich herum einen Kreis aus Windlichtern.

4 Setzen Sie sich nun bequem hin, schließen Sie die Augen, und stellen Sie sich vor, wie ein kleiner Engel mit Pfeil und Bogen direkt aus seiner Kopfmitte einen Pfeil auf Ihren Solarplexus (oberhalb des Bauchnabels) abschießt. In dem Moment, in dem der Pfeil Sie trifft, empfinden Sie eine Explosion aus lauter Lichtstrahlen um Ihren Solarplexus, um Ihren ganzen Körper herum und bis weit ins Universum reichend. Die Lichtstrahlen verglühen langsam: Sie empfinden sich als ganz sich selbst und ganz dem Universum gehörend. Tiefe Ruhe überkommt Sie. Sie sind eins mit der ganzen Welt.

5 Trinken Sie zum Abschluss in dieser entspannten Atmosphäre einen Lindenblütentee, und denken Sie über Lösungen Ihrer Situation nach.

Die Loslass-Räuchermischung

Zutaten: 1 TL getrocknete Melisse • 1 TL getrocknete Passionsblumen • 1 TL getrocknetes Basilikum
Mischen Sie Melisse, Passionsblume und Basilikum, und geben Sie das Ganze in einen Räucherkelch mit glühender Räucherkohle. Meditieren Sie etwa 10 Minuten über der Räucherung, und stellen Sie sich dabei in möglichst lebhaften Bildern vor, wie das, was Sie loslassen möchten, für immer aus Ihrem Leben verschwindet, damit es Sie nie wieder quälen kann und Ihnen die Tage vergällt.

Rauch gehört zur rituellen Reinigung. So wie in katholischen Gottesdiensten Weihrauch eingesetzt wird, so können Sie auch Ihre Wohnung von negativen Einflüssen reinigen und schützen.

Hausmittel, die Haus, Hof und Kinder schützen

Es ist ein Urinstinkt, nicht nur uns selbst zu schützen, sondern vor allem auch unsere Familien, Haus, Hof und unser Eigentum. Mit alten Hausmitteln können Sie sich vor allem schützen, was Sie nicht dulden wollen. Besonders viele Schutzmaßnahmen gibt es für kleine Kinder:

> **Ein wirksamer Schutz für Ihr Haus (Ihre Wohnung) kann recht einfach erreicht werden, indem Sie in Ihrem Garten Haselnusssträucher pflanzen. Sie vertreiben negative Energien.**

▸ Bei Kleinkindern sollte immer ein Hemdsärmel verkehrt herum angenäht oder das ganze Hemd falsch herum angezogen sein. Dieser »Makel« bewahrt das Kind vor Neidern und vor Unglück.

▸ Wenn ein fremder Mensch das Kind lobt, sollten Vater oder Mutter gleich etwas Abschwächendes darauf sagen, damit eventuelle boshafte Hintergedanken nicht zum Tragen kommen.

▸ Ihr Haus können Sie schützen, indem Sie ein Pfeffersäckchen über die Haustür hängen, im Flur einen Weißdornzweig oder -strauch aufstellen und das Haus regelmäßig mit Essigwasser und Basilikumsud reinigen.

▸ Wenn Sie Besuch von Menschen hatten, deren Energie für Sie unangenehm war, werfen Sie den Gästen beim Hinausgehen 1 große Prise Salz hinterher.

▸ Ihren Garten bepflanzen Sie am besten an allen 4 Ecken oder an wichtigen Außenpunkten mit Haselnusssträuchern oder Farnkraut. Sie schützen vor unliebsamen Gästen und Geistern.

Salat mit sanfter Süße

Dieser Salat gibt Ihnen durch seine reichhaltig vorhandenen Glückshormone einen richtigen Schub vorwärts. Mit neuem Elan gehen Sie die Dinge an, und Sie werden sehen, nichts und niemand kann Sie mehr angreifen.

Zutaten (für 4 Personen): *1 TL Ahornsirup • 1/2 Tl gemahlener Koriander • frisch gemahlener weißer Pfeffer*

*2 EL milder Weißweinessig • 1 TL körniger Senf
7 EL Olivenöl • 2 kleine feste Zucchini • 2 säuerliche
Äpfel • 2 küchenfertige Kaninchenfilets (zusammen ca.
120 g) • Salz • 4 EL Sherry medium*

1 Verrühren Sie für das Dressing Ahornsirup, Koriander, 1 Prise Pfeffer, Essig, Senf und 5 Esslöffel Öl.

2 Waschen, putzen und raspeln Sie die Zucchini grob.
Schälen und vierteln Sie die Äpfel, und befreien Sie sie
vom Kerngehäuse. Die Äpfel werden dann ebenfalls ge-
raspelt. Vermischen Sie diese Zutaten mit dem Dressing,
und verteilen Sie den Salat auf Portionsteller.

3 Spülen Sie die Kaninchenfilets kalt ab, tupfen Sie sie
trocken, und würzen Sie sie mit Salz und Pfeffer.

4 Erhitzen Sie das restliche Öl in einer Pfanne, und braten Sie die Kaninchenfilets darin bei starker Hitze kurz
an. Dann bei mittlerer Hitze etwa 5 Minuten braten.

5 Lassen Sie die Filets kurz ruhen, und schneiden Sie sie
dann mit einem scharfen Messer schräg in Scheiben.
Richten Sie sie neben den Salatportionen an.

6 Den Bratfond in der Pfanne lösen Sie mit Sherry und
träufeln ihn auf das Fleisch.

Süßes macht glücklich. Mit diesem Salat können Sie ohne Angst um Ihre Zähne und Ihre Figur schlemmen. Eine Portion Vitamine und Ballaststoffe gibt's oben-drein.

*Für den Ahorn-
sirup ritzen die In-
dianer die Rinde
der Ahornbäume
ein, um aus dem
heraustropfenden
Saft Sirup herzu-
stellen. Würzen Sie
diesen Salat mit
Ahornsirup – Sie
werden von dem
Geschmack
begeistert sein.*

Ofenkartoffeln voller Energie

Gerade dann, wenn gar nichts mehr vorwärts geht, alles stillzustehen scheint, die ganze Welt sich gegen Sie verschworen hat, brauchen Sie eine tüchtige Portion Energie. Auch wir Hexen wenden diesen Turboschub gerne und häufig an, denn magisches Arbeiten kostet sehr viel Kraft. Nur wer diese Kraft hat, kann sich auch entsprechend schützen.

Neue Energie auftanken, volle Power gewinnen, womit geht das leichter als mit Kohlenhydraten. Besonders die Kartoffel vereint genug Kohlenhydrate mit viel Mineralstoffen. Sie eignet sich hervorragend für einen neuen Start.

Zutaten (für 4 Personen): *8 mittelgroße mehlig kochende Kartoffeln • Fett für das Blech*
Senfcreme: *4 hart gekochte Eigelbe • 4 EL grober Senf 200 g Crème fraîche • Salz, frisch gemahlener Pfeffer 1 EL Zitronensaft • 100 g Frühstücksspeck (Bacon) einige Stängel Petersilie • 2 EL Kapern*

1 Bürsten Sie die Kartoffeln unter fließendem kaltem Wasser gründlich ab, und halbieren Sie sie längs.

2 Legen Sie die Kartoffelhälften mit der Schnittfläche nach unten auf ein leicht gefettetes Backblech, und schieben Sie sie in den kalten Backofen auf die mittlere Schiene.

3 Backen Sie die Kartoffeln bei 200 °C (Umluft 180 °C, Gas Stufe 3–4) in 45 bis 60 Minuten weich.

4 Inzwischen zerdrücken Sie die Eigelbe. Rühren Sie sie mit dem Senf und der Crème fraîche glatt, und würzen Sie das Ganze mit Salz, Pfeffer und Zitronensaft.

5 Schneiden Sie den Speck in feine Streifen, braten Sie ihn bei schwacher Hitze aus, und lassen Sie ihn auf Küchenpapier abtropfen. Waschen Sie die Petersilie, und hacken Sie sie fein.

6 Geben Sie die Kartoffeln mit der Schnittfläche nach oben auf die Teller, und belegen Sie sie mit Speck. Verteilen Sie die Senfcreme darüber. Garnieren Sie nun alles mit Kapern und Petersilie.

Schutzmanteltee

Dieser Tee hilft, wenn man sich saft- und kraftlos fühlt. Lassen Sie sich die Mischung in einer Apotheke oder in einem gut sortierten Teeladen zusammenstellen.

Zutaten: 25 g Frauenmantel • 30 g Johanniskraut 20 g Veilchenblätter • 10 g Knabenkrautwurzel 10 g Ginsengwurzel

Von dieser Mischung nehmen Sie pro Tasse 1 gehäuften Teelöffel und brühen ihn mit kochendem Wasser auf. Lassen Sie den Tee 5 bis 7 Minuten lang ziehen. Trinken Sie in kleinen Schlucken, allerdings nie mehr als 3 Tassen pro Tag.

Apfelessigsaft für den Schutz von innen

Apfelessig ist eines der besten Schutzmittel, er vertreibt jegliche negative Energie. So wie das Essigbad von außen wirkt, so können Sie sich auch einen Apfelessigsaft für den Schutz von innen herstellen. Er reinigt nicht nur Magen, Darm und die anderen inneren Organe von den üblichen Übeltätern, er wirkt auch nachhaltig als Schutz gegen die Ansammlung von allem Schlechten, was von außen kommen kann.

Zutaten: 1 Flasche Apfelessig (möglichst biologisch) 4 EL Blütenhonig • 1/2 l Apfelsaft • 1 Hand voll Holunderblüten • 1 EL Lavendelblüten

Mischen Sie alles zusammen gut durch, und lassen Sie die Holunder- und die Lavendelblüten in dieser Mischung etwa 3 Tage lang ziehen. Danach können Sie den Apfelessig in eine schöne Flasche abgießen und dabei die Blüten durch ein Sieb abgießen. Trinken Sie davon jeden Morgen 1 kleines Wasserglas (100 Milliliter) voll. Lassen Sie jeden Schluck für ein paar Sekunden im Mund wirken, bevor Sie ihn schlucken.

Frauenmantel ist das allerbeste und am meisten erprobte Heilmittel für Frauenleiden aller Art. Natürlich wissen das auch die Hexen und setzen es gerne und häufig in Teemischungen ein.

Rezepte für Glück und Zufriedenheit

Was ist eigentlich Glück? Oberflächlich betrachtet, empfinden wir Glück oft als etwas Willkürliches, als etwas, das einfach über uns kommt, das den einen öfter, den anderen weniger oft trifft.

Dem Glück nachhelfen

Mit der richtigen, positiven Einstellung und ein paar kleinen Hilfsmittelchen aus der Hexenküche können Sie sich auf die Seite des Glücks stellen, und wunderbare Dinge werden auf Sie zukommen. In diesem Kapitel finden Sie Tipps und Tricks, wie Sie Glück und Zufriedenheit leichter erreichen können.

Ihr persönlicher Glücksbringer

Zutaten: *1 Zitrone • 1 Packung Stecknadeln*
Wenn Ihnen gar nichts mehr gelingen will und sich auch keine neuen Perspektiven ergeben wollen, dann können Sie sich mit einem einfachen Glücksbringer von zahlreichen Sorgen und Nöten befreien.
Ihr Glücksbringer ist eine frische Zitrone, in die Sie möglichst viele Stecknadeln hineinstecken. Vermeiden Sie jedoch Stecknadeln mit dunkelblauen oder schwarzen Köpfen. Mit jedem Nadeleinstich wünschen Sie sich und Ihrem Vorhaben von ganzem Herzen Glück.
Stellen Sie den Glücksbringer entweder auf Ihren Hausaltar oder an Ihren Lieblingsplatz. Sie werden sehen, wie bald das Glück bei Ihnen Einzug hält und wie sich viele Sorgen und Probleme fast wie von selbst auflösen.

Alle Rezepte dieses Kapitels können keine Wirkung hervorrufen, wenn Sie für sich selbst kein Glück zulassen wollen, sei es nun bewusst oder unbewusst.

Der Glückstag der Hexen ist der Donnerstag – der Tag des Jupiters. An diesem Tag gelingen Rituale und Beschwörungen besonders gut.

Glückslinsensalat

Dies ist ein besonderes Gericht zum Festtag der Göttin Vesta am 31. Dezember. Vesta ist die Schutzpatronin von Heim und Herd. Vesta zu Ehren wird jedes Jahr am letzten Tag ein großes Fest mit einem kräftigen Gemüsegericht gefeiert.

Die Göttin Vesta sorgt dann das ganze Jahr über dafür, dass in Haus und Hof Friede herrscht und immer genug zu essen da ist. Mit diesem Linsengericht holt man sich symbolisch das Glück ins Haus.

Zutaten (für 4 Personen): 150 g Linsen • 400 ml Gemüsebrühe • 1 TL getrockneter Thymian • 3 EL Himbeer- oder Johannisbeeressig • 5 EL Olivenöl • 1 rote Zwiebel • 2 Fleischtomaten • 200 g Fetakäse • je 1/2 Bund Salbei und Basilikum • Salz, frisch gemahlener Pfeffer

1 Kochen Sie die Linsen mit der Gemüsebrühe und dem Thymian auf, und lassen Sie sie zugedeckt bei schwacher Hitze 45 bis 60 Minuten bissfest garen.

2 Geben Sie die garen Linsen mit der verbliebenen Garflüssigkeit in eine Schüssel. Mischen Sie den Essig und 2 Esslöffel Öl darunter, und lassen Sie sie abkühlen, bis sie nur noch lauwarm sind.

3 Inzwischen ziehen Sie die Zwiebel ab, halbieren sie und schneiden sie in hauchdünne Streifen. Waschen, trocknen und würfeln Sie die Tomaten.

4 Erhitzen Sie das restliche Öl in einer beschichteten Pfanne. Tupfen Sie den Fetakäse trocken. Braten Sie ihn dann mit den Salbeiblättchen im heißen Öl bei mittlerer bis starker Hitze an, und lassen Sie ihn leicht bräunen. Nehmen Sie die Pfanne von der Kochstelle.

5 Mischen Sie die Linsen mit den Zwiebelstreifen, den Tomatenwürfeln und den Basilikumblättchen.

Öffnen Sie Ihre inneren Pforten für das Glück. Denken Sie sich jung, schön, erfolgreich, gesund, sexy oder was auch immer Sie sich wünschen. Erst wenn Sie die positive Vorstellung von sich selbst im Kopf zugelassen haben, dann können Sie diese auch in der realen Welt zulassen.

6 Schmecken Sie mit Salz und Pfeffer ab, und geben Sie den Salat auf Portionsteller.

7 Teilen Sie den Fetakäse vorsichtig in Würfel, und richten Sie ihn mit dem Salbei neben dem Salat an.

Kokossuppe für Glückskinder

Es soll Kokosnüsse mit Perlen geben. Sie entstehen, wenn alle »Augen« der Nuss zufällig fest verschlossen bleiben, so dass der Keim nicht nach außen treiben kann. Dann bildet sich ein Kügelchen, geformt wie eine Perle und hart wie Glas. Die Kokosperle ist höchst selten und noch viel wertvoller als die Perlen der Austern. Zu der folgenden Kokossuppe passt am besten ein Hauptgang mit duftendem Reis. Als Nachspeise gibt es schlicht und einfach frische Früchte.

Zutaten (für 4 Personen): 1 Zwiebel • 2 Knoblauch-zehen • 1 Halm Zitronengras • 2 EL Erdnussöl 1 TL gemahlene Kurkuma (Gelbwurz) • je 1/4 TL gemahlener Kreuzkümmel und Zimtpulver • 400 ml ungesüßte Kokosmilch (Dose) • 3/4 l Geflügelbrühe 2 Hähnchenbrustfilets (insgesamt ca. 200 g) • 1 Granatapfel • Salz, frisch gemahlener Pfeffer

1 Ziehen Sie die Zwiebel und den Knoblauch ab, und hacken Sie beides ganz fein. Waschen Sie das Zitronengras, klopfen Sie den Halm mit einer Nudelrolle flach, und verknoten Sie ihn einmal wie einen Bindfaden, damit er sich in der Suppe nicht in die Fasern auflöst.

2 Braten Sie die Zwiebel und den Knoblauch in 1 Esslöffel erhitztem Öl glasig an. Geben Sie Kurkuma, Kreuzkümmel und Zimt dazu, und lassen Sie die Gewürze kurz mitbraten. Geben Sie das Zitronengras, die Kokosmilch und die Brühe dazu, und bringen Sie das Ganze zum Kochen. Lassen Sie die Suppe zugedeckt bei schwacher Hitze etwa 10 Minuten garen.

Lächeln Sie sich jeden Morgen einmal selbst zu. Es ist wissenschaftlich erwiesen, dass Menschen, die viel lächeln oder lachen, gesünder sind als griesgrämige Menschen. Lächeln Sie einfach mal drauflos, auch wenn (noch) kein Grund dafür in Sicht ist. Ihr Körper stellt dies Lächeln fest und setzt Endorphine (Glückshormone) frei. Bald darauf fühlen Sie sich besser und gelöster.

3 Spülen Sie inzwischen die Hähnchenbrustfilets kalt ab, tupfen Sie sie trocken, und schneiden Sie sie quer zu den Fasern in dünne Streifen.

4 Halbieren Sie den Granatapfel quer, und drücken Sie die Kerne und den Saft über einer Schüssel heraus, oder kratzen Sie ihn mit einem Löffel aus. Entfernen Sie alle Zwischenhäute.

5 Geben Sie das Fleisch in die Suppe, lassen Sie es einmal kurz aufkochen und 5 Minuten garen. Nehmen Sie das Zitronengras aus der Suppe.

6 Schmecken Sie die Suppe mit Salz und Pfeffer ab, und geben Sie sie in heiße Teller. Setzen Sie die Granatapfelkerne mit einem Löffel auf die Suppenportionen, und rühren Sie sie mit einer Gabel leicht unter, so dass der rote Saft dekorative Schlieren bildet. Servieren Sie die Suppe sofort.

Der rote Saft des Granatapfels gibt der Suppe nicht nur eine attraktive rote Färbung, sondern fügt dem Ganzen auch noch die fehlenden Vitamine und Mineralstoffe bei.

Baubos Gemüseplatte

Baubo ist die griechische Göttin der zügellosen Heiterkeit. Sie schaffte es sogar, die unglückliche Demeter, die schon so lange nach ihrer verschwundenen Tochter suchte, zum Lachen zu bringen. Erst durch dieses Lachen konnte es Demeter gelingen, Persephone wieder zurückzubekommen. Also machen wir es wie Baubo, verhelfen wir uns selbst und anderen durch Lachen und Albern zum Glück.

Zutaten (für 6 Personen): *1 unbehandelte Zitrone 1/8 l Olivenöl • 4 Fleischtomaten • 500 g kleine neue Kartoffeln • 500 g schlanke Zucchini • 1 Fenchel 1 kleine Aubergine • je 2 rote und grüne Paprikaschoten 1 Bund Lauchzwiebeln • 8 große Champignons 1 Bund Oregano oder Majoran • Salz, frisch gemahlener schwarzer Pfeffer • 1 Baguette (500 g) • 150 g weiche Kräuterbutter • 6 Lammkoteletts*

1 Heizen Sie den Backofen auf 250 °C (Umluft 230 °C, Gas Stufe 6) vor.

2 Schälen Sie ein großes Stück Zitronenschale dünn ab. Pressen Sie den Saft aus, und mischen Sie ihn mit dem Öl (dabei sollten Sie 2 bis 3 Esslöffel Öl für die Lammkoteletts übrig lassen).

3 Ziehen Sie die Tomaten ab. Halbieren Sie 3 Tomaten, die vierte Tomate schneiden Sie in kleine Würfel und stellen sie für die Brötchen auf einem Teller beiseite.

4 Waschen und putzen Sie die Kartoffeln und das Gemüse gründlich, die Kartoffeln können Sie eventuell auch schälen.

5 Schneiden Sie die Kartoffeln und die Zucchini in etwa 7 Zentimeter lange Stücke. Vierteln Sie die Fenchelknolle, und befreien Sie sie vom Strunk. Schneiden Sie die Aubergine in 4 Scheiben. Vierteln Sie die Paprikaschoten, und entfernen Sie dabei Trennwände und Kerne. Putzen und waschen Sie die Lauchzwiebeln. Die Pilze werden ebenfalls kurz gewaschen. Zerkleinern Sie beide Zutaten. Waschen, trocknen und hacken Sie die Kräuter klein.

Scheuen Sie nicht die Mühe, frische Fleischtomaten abzuziehen. Geschälte Tomaten aus der Dose wären für dieses Gericht einfach zu matschig.

Diese leichte Gemüseplatte spricht alle Sinne an. Rote Tomaten feuern an, sanfte Pilze beruhigen den Gaumen, zartes Fleisch liefert Energie, und knusprige Brötchen krachen beim Hineinbeißen.

6 Verteilen Sie die Tomatenhälften, die Kartoffeln, das Gemüse und die Pilze in der Fettpfanne des Backofens, würzen Sie mit Salz und Pfeffer, und begießen Sie alles mit Zitronensaft und Öl.

7 Schieben Sie die Fettpfanne im heißen Ofen auf die mittlere Schiene, und lassen Sie die Gemüsemischung in etwa 20 Minuten weich backen. Wenden Sie dabei einmal, und beträufeln Sie alles mit der Flüssigkeit in der Fettpfanne. Nehmen Sie das Gemüse heraus, und halten Sie es mit Alufolie bedeckt warm.

8 Während das Gemüse im Ofen ist, schneiden Sie das Baguette in 6 Stücke und teilen die Stücke wie Brötchen quer durch. Vermischen Sie die Kräuterbutter mit den Tomatenwürfeln, und verteilen Sie sie auf den Baguettehälften. Legen Sie diese auf ein zweites Backblech, und rösten Sie sie im heißen Ofen in etwa 5 bis 7 Minuten knusprig.

9 Inzwischen spülen Sie die Lammkoteletts kurz kalt ab, trocknen sie und schneiden den Fettrand mit einem scharfen Messer ein. Braten Sie sie im heißen Öl kräftig an, und lassen Sie sie pro Seite 2 bis 3 Minuten braten.

10 Zum Servieren würzen Sie die Lammkoteletts mit Salz und Pfeffer, arrangieren das Gemüse auf einer vorgewärmten Platte und bestreuen es mit den gehackten Kräutern.

Quittentorte für Glück und Fruchtbarkeit

Quitten sind ein Symbol für Glück im Allgemeinen und für Fruchtbarkeit im Besonderen. Mit diesem wundervollen Nachtisch können Sie nichts verkehrt machen. Quitten waren früher auch ein Geschenk, das man als Gast übergab, um Glück mitzubringen, und Hochzeitspaare bekamen Quitten für die Fruchtbarkeit ihrer Ehe geschenkt.

Kennen Sie eigentlich Quittenmarmelade? Mit ihrem eigenartigen süßlich-bitteren Geschmack zählt Quittenmarmelade oder -gelee zu den ganz besonderen Köstlichkeiten am Frühstückstisch.

Quitten sollten bei der Verwendung prall und fest mit unbeschädigter Schale und zum Teil gelb gefärbt sein. Frische Quitten sind oft fleckig, was dem Geschmack jedoch nicht schadet, wenn sie bald zubereitet werden.

Zutaten (für 12 Stücke)

Teig: *1 unbehandelte Orange • 200 g Mehl • 50 g Zucker 1 Prise Salz • 1 Ei • 100 g weiche Butter*
Belag: *1 kg Quitten • 1 EL Butter • 50 g Zucker 2 EL trockener Weißwein oder Zitronensaft • je 1 TL Ingwer- und Zimtpulver • 1/2 TL gemahlene Nelken*

1 Waschen Sie die Orange, und trocknen Sie sie ab. Reiben Sie die Schale für den Teig ab. Pressen Sie den Saft für den Belag aus.

2 Vermischen Sie Mehl, Zucker, Orangenschale, Salz, Ei und Butter in einer Schüssel mit dem Knethaken des Handrührgeräts, bis die Masse krümelig ist. Kneten Sie auf der Arbeitsfläche diese Masse mit den Händen zu einem glatten Teig.

3 Kleiden Sie eine Springform damit aus, und formen Sie dabei einen etwa 3 Zentimeter hohen Rand. Stechen Sie den Teigboden mit einer Gabel mehrmals ein, und stellen Sie ihn kühl.

4 Schälen Sie die Quitten, und befreien Sie sie von dem Kerngehäuse. Schneiden Sie sie in Stücke. Erhitzen Sie Butter, und geben Sie die Quitten, den ausgepressten

Für unsere Großeltern gehörten Quitten noch zum Standardobst: Meist hatte man selbst oder der Nachbar einen Quittenbaum im Garten. Heute ist diese wunderbare Frucht ein Fall für Delikatessgeschäfte geworden.

Orangensaft und Zucker dazu. Schmoren Sie das Ganze, bis die Quitten fast weich sind. Mischen Sie nun Wein und Gewürze unter, und kochen Sie die Quitten zu einem dicken Mus ein.

5 Stellen Sie den Teigboden in den kalten Backofen auf die mittlere Schiene, und backen Sie ihn bei 200 °C (Umluft 180 °C, Gas Stufe 3–4) 10 Minuten vor.

6 Verteilen Sie die Quitten auf dem Teigboden, und backen Sie den Kuchen in etwa 30 Minuten fertig.

Glückstee für trübe Tage

Um Glück anzuziehen, brauchen Sie auch die richtige Stimmung. Wenn Ihre Gemütslage ganz unten ist, können Sie auch nichts Positives anziehen.

Zunächst einmal muss sich Ihre Stimmung wieder bessern und der wahre Optimist zum Vorschein kommen. Mit dieser Teemischung können Sie genau diese Wirkung erreichen.

Zutaten: *25 g Waldmeister • 25 g Johanniskraut*
20 g Pfefferminze • 15 g Knabenkrautwurzel

1 Lassen Sie sich diese Zutaten in der Apotheke oder in einem Teeladen zusammenmischen.

2 Nehmen Sie pro Tasse 1 Teelöffel voll, und überbrühen Sie das Ganze mit kochendem Wasser.

3 Lassen Sie die Mischung ca. 10 Minuten lang ziehen, und trinken Sie den Tee dann ganz heiß in kleinen Schlucken.

Lucky-Wine-Tea

Das Rezept, das ich Ihnen hier vorstelle, ist eine recht abenteuerliche Mischung aus Tee und Wein. Aber gerade diese Mischung verspricht, das Glück in vollen Zügen anzuziehen. Genießen Sie dieses Getränk nur in kleinen Mengen.

Mit nebenstehendem Tee können Sie Ihre Laune und Stimmung rasch und entscheidend verbessern. Und es ist auch noch die viel bessere Alternative als das gewohnte Glas Wein oder Bier am Abend.

Zutaten: *10 g Johanniskraut • 10 g Hopfen*
10 g Schafgarbe • 10 g Waldmeister • 10 g Knaben-
krautwurzel • 1 l Weißwein

1 Geben Sie die Kräuter alle zusammen in den Weißwein. Kochen Sie das Ganze kurz auf, und lassen Sie es dann etwa 12 Minuten gut durchziehen.

2 Seihen Sie diese Mischung durch ein engmaschiges Sieb oder durch ein Tuch in eine schöne Flasche ab.

3 Trinken Sie davon jeden Tag höchstens 1 Tasse, ganz langsam und genussvoll.

Glück hat immer zwei Seiten: die äußeren Umstände und Ihre innere Befindlichkeit. Beides hängt voneinander ab, aber jede Seite kann auch die andere beeinflussen. Und wenn Sie die äußeren Umstände (im Moment) nicht ändern können, dann ändern Sie eben Ihre innere Haltung hierzu.

Glück beim Glücksspiel?

Glück ist eine Form der inneren Kraft. Mit dieser Kraft können Sie sich ganz prima fühlen, so als ob Sie Bäume ausreißen könnten oder wenn Sie frisch verliebt sind. Dann kribbelt es überall, und Sie haben Schmetterlinge im Bauch.

Aber Glück strahlt auch nach außen. Sie können Dinge damit beeinflussen. Sei es, dass Sie einen Lottoschein ausfüllen wollen, mit Ihrem Chef über eine längst fällige Gehaltserhöhung diskutieren, im Spielcasino auf eine Farbe setzen (»Rot oder Schwarz?«). All diese Dinge können Sie mit Ihrem inneren Gefühl beeinflussen.

Zusätzlich gibt es noch einige Tipps, wie Sie ungünstige äußere Einflüsse abwehren können:

● Machen Sie Glücksspiele am besten am Donnerstag, denn das ist der Tag des Jupiter.

● Auch für das Gespräch über eine Gehaltserhöhung wählen Sie am besten den Donnerstag.

● Als Glücksfarbe gilt weithin das Grün. Tragen Sie also ein grünes Kleid oder einen grünen Pullover, wenn Sie sich besonders Glück herbeiwünschen.

● Glauben Sie an sich selbst: Der Glaube kann Berge versetzen. Wer zweifelt, verliert.

Rezepte für den Erfolg

Erfolg bedeutet für die Menschen ganz verschiedene Dinge: Für den einen ist es der große Auftrag, den er an Land gezogen hat, für den anderen ist es der Applaus auf der Bühne, für den dritten ist es die rasant ansteigende Umsatzkurve, für den vierten ist es der erotische Erfolg. Was auch immer für Sie Erfolg bedeutet, im Beruflichen oder im Privaten, mit den folgenden Tipps kommen Sie ihm sicher ein Stückchen näher.

Die Zukunft ist machbar

Erfolg, Wohlstand und Lob: Wer möchte diese Dinge nicht? Hier erfahren Sie, wie Sie dazu kommen.

Ölmischung für den erfolgreichen Verkauf

Wenn Sie etwas verkaufen wollen – sei es irgendein Produkt, das Sie vertreiben und öffentlich anbieten, oder ein paar ausrangierte Gegenstände, etwa Kleidungsstücke, die Sie nicht mehr tragen und auf dem Flohmarkt feilbieten –, ist die im Folgenden genannte Duftmischung ätherischer Öle geeignet, um Interessenten für den Kauf zu gewinnen.

Zutaten: *7 Tropfen Grapefruitöl • 2 Tropfen Ingweröl 2 Tropfen Thea's Erfolgsöl*

Geben Sie die ätherischen Öle in die mit Wasser gefüllte Schale einer Duftlampe. Lassen Sie die Mischung auf Ihrem Verkaufstisch oder an einem Platz verdampfen, an dem viele Menschen vorbeikommen und angelockt werden könnten.

Thea's Erfolgsöl erhalten Sie in ihrem Laden: Thea's Welt der Mystik, Destouchesstraße 48, 80803 München, Tel. 089/ 30 63 76 50, Fax: 089/30 63 76 59.

Beruflicher Erfolg – auch für Frauen ist er wesentliche Voraussetzung für die persönliche Zufriedenheit. Es gibt viele Rezepte, ihn zu erreichen.

»Mein Wille geschehe«

Zutaten: *Bend-Over-Öl*

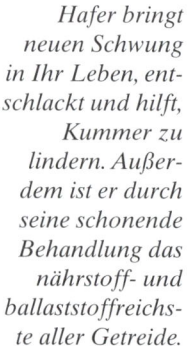

Sie haben eine wichtige Geschäftsbesprechung vor sich, aber Ihr Verhandlungspartner will nicht so wie Sie. In solchen Situationen greifen Sie zum altbewährten magischen Öl, zum Bend-Over-Öl.

Dieses Öl können Sie wie ein Parfum auftragen, hinter die Ohren, auf die Handgelenke und in die Kniekehlen. Sie können sich ganz sicher sein: Ihr Gesprächspartner geht garantiert in die Knie.

Haferflocken auch als Rohkost: Ein paar Löffel des Energiespenders sollten Sie sich bei jedem Frühstück zur Gewohnheit machen. So kommen Sie fit durch den Tag.

Haferbrei für den großen Erfolg

Hafer ist ein wahres Energiefutter. Man sagt ja auch: »Jemanden sticht der Hafer«. Nutzen Sie also die Energie des Hafers für Ihre Zwecke.

Tanken Sie Kraft, um Ihre Ziele zu erreichen. Hafer gibt nicht nur Energie, er macht auch fröhlich. So können Sie unbeschwert an die Umsetzung Ihrer Pläne gehen, und nichts wird Sie aufhalten.

Hafer bringt neuen Schwung in Ihr Leben, entschlackt und hilft, Kummer zu lindern. Außerdem ist er durch seine schonende Behandlung das nährstoff- und ballaststoffreichste aller Getreide.

*Zutaten (für 4 Personen): 1/2 l Milch • 1 EL Rohr-
oder Rübenzucker • 1 Prise Salz • 1 TL abgeriebene
Orangenschale • 60 g kernige Haferflocken
2 EL Cashewnüsse • 1 EL Butter • 1 große Orange
2 Äpfel • 1 reife Banane • 2 EL Rosinen • 100 g Sahne
2 EL flüssiger Honig oder Ahornsirup*

1 Kochen Sie die Milch mit Zucker, Salz und Orangenschale auf.

2 Rühren Sie die Haferflocken unter, kochen Sie das
Ganze erneut auf, und lassen Sie es bei schwächster
Hitze zugedeckt 30 Minuten garen.

3 Inzwischen hacken Sie die Nüsse sehr fein, rösten
Sie sie in der Butter, und verteilen Sie sie auf tiefe
Teller.

4 Schälen Sie die Orange, und schneiden Sie sie in
Stücke.

5 Schälen und waschen Sie die Äpfel, vierteln Sie sie,
befreien Sie sie vom Kerngehäuse, und raspeln Sie das
Fruchtfleisch grob.

6 Schälen und zerdrücken Sie die Banane.

7 Verteilen Sie das Obst und die Rosinen auf den Nüssen. Zuerst geben Sie den heißen Haferbrei darüber,
dann die Sahne und zuletzt Honig oder Sirup.

**Nebenstehen-
des Hafermüsli
ähnelt in wei-
ten Teilen dem
Müsli von Bir-
cher-Benner.
Beide sind rela-
tiv leicht zuzu-
bereiten und
schmecken
ausgezeichnet.**

Die Gemüse-Kräuter-Wohlstandssuppe

Der ideale Tag für diese exzellente Suppe ist der 1. Juni,
der Feiertag der römischen Göttin Carna. Diese Göttin
ist zuständig für unser leibliches Wohl.

Ihr zu Ehren wurde an diesem Tag immer eine kräftige
Gemüsesuppe gekocht, und man brachte auch jeweils
ein Schälchen davon in ihren Tempel, damit sie den
Wohlstand der Familie behütet und dafür sorgt, dass in
der Familie für alle Mitglieder immer reichlich Essen auf
dem Tisch steht.

Zutaten (für 4 Personen): 1 Päckchen getrocknete Pilze (ca. 20 g) • 1 große Zwiebel • 2 Knoblauchzehen 1 kleiner Spitzkohl (ca. 500 g) • 2 fest kochende Kartoffeln • 5 EL Olivenöl • 4 EL Tomatenmark • 1,5 l Gemüse- oder Fleischbrühe • 2 kleine Zucchini • 1 Paket Tiefkühlerbsen (300 g) • 50 g Hörnchennudeln 50 g Pecorino- oder Parmesankäse • 1 Bund Grüne-Sauce-Kräuter (Borretsch, Dill, Estragon, Kerbel, Kresse, Liebstöckel, Petersilie, Pimpernelle, Schnittlauch, Zitronenmelisse) • 500 g Tomaten • Salz, frisch gemahlener Pfeffer

Diese Suppe hält im wahrsten Sinne Leib und Seele zusammen. Wo so eine Einheit geschaffen werden kann, wird sich über kurz oder lang auch der Erfolg einstellen.

1 Weichen Sie die Pilze in 1/8 Liter Wasser ein, bis die anderen Zutaten vorbereitet sind.

2 Ziehen Sie die Zwiebel und den Knoblauch ab, und zerkleinern Sie sie ganz fein.

3 Vierteln Sie den Spitzkohl, befreien Sie ihn vom Strunk, waschen Sie ihn, und schneiden Sie ihn in knapp fingerbreite Streifen.

4 Schälen, waschen und würfeln Sie die Kartoffeln.

5 Erhitzen Sie das Öl in einem großen Topf. Braten Sie die Zwiebeln und den Knoblauch darin bei schwacher Hitze glasig an.

6 Geben Sie Tomatenmark dazu, und lassen Sie es kräftig anrösten.

7 Geben Sie die Kohlstreifen und die Kartoffeln dazu, und lassen Sie alles bei mittlerer Hitze unter Wenden etwa 3 Minuten kräftig schmoren. Geben Sie die Pilze mit dem Pilzwasser und die Brühe dazu, lassen Sie die Suppe aufkochen und 15 Minuten garen.

8 Inzwischen waschen und putzen Sie die Zucchini und schneiden sie in Scheiben. Geben Sie sie zusammen mit den Erbsen und den Nudeln in die Suppe. Lassen Sie die Suppe erneut aufkochen und weitere 8 bis 10 Minuten garen, bis die Nudeln knapp bissfest sind.

9 Reiben Sie den Pecorino, waschen und trocknen Sie die Kräuter, und hacken Sie sie ganz fein. Ziehen Sie die Tomaten ab, und würfeln Sie sie.

10 Rühren Sie die Kräuter und die Tomaten in die Suppe, und lassen Sie alles nochmal kräftig aufkochen.

11 Schmecken Sie die Suppe mit Salz und Pfeffer ab, bestreuen Sie sie mit dem Pecorino, und servieren Sie sie sofort.

Rosmarin für Erfolg und Wohlstand

Mit diesem Tee schlürfen Sie den Erfolg praktisch in sich hinein. Schluck für Schluck kommt alles, was Sie sich wünschen: Der hochbegehrte Arbeitsplatz ist endlich in Aussicht, die Bank gewährt den Kredit, der Auftrag wird gerade noch zum allerletzen Termin fertig, die Hausaufgabe wird ebenfalls fertig, mit nur einer durchgearbeiteten Nacht schaffen Sie eben noch Ihre Examensvorbereitung, und der erfolgreiche, lukrative Geschäftsabschluss ist gerade zur Unterzeichnung fertig. Dieser Tee setzt alle positiven Gedanken in Ihrem Kopf frei, so dass kein Widerspruch dagegen ankommen könnte. Sie sind absolut und uneingeschränkt mächtige Herrin der Lage.

Zutaten: *25 g Rosmarinblüten • 20 g Habichtskraut 10 g Bärlapp • 25 g Wermutkraut • 20 g Eisenkraut*

1 Lassen Sie sich diese Mischung in der Apotheke oder in einem Teeladen zusammenmischen.

2 Pro Tasse nehmen Sie 1 Teelöffel voll und überbrühen ihn mit kochendem Wasser.

3 Lassen Sie diesen Tee 5 Minuten lang ziehen, und trinken Sie ihn heiß und schnell.

4 Sie können pro Tag so viele Tassen wie Sie mögen davon trinken, es wird Ihren Erfolg entsprechend beschleunigen.

Erfolg durch Rosmarin? Sie zweifeln daran? Da hilft nur selbst ausprobieren.

Rezepte für die Gesundheit

Die Gesundheit ist unser wichtigstes Gut. Sie sollten wir hegen und pflegen. Ohne sie klappt alles andere auch nicht. Wenn wir erst einmal krank sind, wird es richtig schwierig, die Gesundheit wiederherzustellen. Die folgenden Rezepte können daher auch nicht den Arzt ersetzen, wenn Sie wirklich krank sind. Sie sollen in erster Linie helfen, Ihre Gesundheit zu erhalten.

Praktische Hexenmittel

Gegen kleinere Wehwehchen muss nicht gleich mit starken Antibiotika oder anderen Medikamenten gekämpft werden, manchmal helfen schon kleine Hexenmittelchen.

Mittelchen gegen Kopfschmerzen

Zutaten: *2 Tropfen Eukalyptusöl • 2 Tropfen Lavendelöl • 2 Tropfen Rosmarinöl*

Träufeln Sie diese Mischung auf 2 Wattebäusche, und halten Sie sich diese an die Schläfen. Die Durchblutung wird angeregt, und die Schmerzen werden weniger. Gleichzeitig spüren Sie, wie der Schmerz in Ihrem Kopf ganz langsam nach unten gleitet und in Ihren Bauch wandert. Dort halten Sie ihn fest. Konzentrieren Sie sich nun ganz auf Ihren Bauch, spüren Sie den Schmerz, und beobachten Sie, wie er langsam in den Weiten Ihrer Bauchhöhle verschwindet. Danach gehen Sie unbedingt auf die Toilette und lassen alles los. Haben Sie jetzt noch Kopfschmerzen?

Der Griff zum Aspirin ist für ganz viele Menschen bei Kopfschmerzen schon völlig normal. Kleine Kopfschmerzen lassen sich jedoch auch auf ganz natürliche Weise vertreiben, mit ätherischen Ölen und viel frischer Luft.

Kräuter haben nicht nur beim Einnehmen spezielle Wirkungen, sie sehen in Sträußen auch noch schön aus und wirken so über das Auge auf die Seele.

Mit Melisse gegen Reiseübelkeit

Zutaten: *Melissentee*
Wenn Ihnen unterwegs im Auto, im Schiff oder im Flugzeug leicht schlecht wird, wenn Sie nervös sind, vor dem Start in die Lüfte angstvoll bibbern oder wenn Ihr Magen rebelliert, dann gibt es ein Mittel, das bestimmt hilft. Auf Reisen nehme ich immer eine Thermoskanne Melissentee mit. Dieser beruhigt den Magen, senkt den Blutdruck und wirkt ausgleichend auf das Gemüt.

Hier ist der ideale Helfer gegen Niedergeschlagenheit und Depression: Cayennepfeffer bringt Sie wieder auf Trab. Dazu drei wohlriechende ätherische Öle.

Fitmacher für jede Gelegenheit

Zutaten: *20 ml Weingeist • 5 Tropfen Bergamotteöl*
5 Tropfen Lavendelöl • 5 Tropfen Eisenkrautöl
1 Prise Salz
Wer kennt das nicht? Sie sind müde und abgespannt, aber die aktuelle Situation oder der Gesprächspartner fordert Ihre uneingeschränkte Aufmerksamkeit. Wie werden Sie jetzt wieder fit? Stellen Sie ein Riechfläschchen her, indem Sie die oben genannten Zutaten zusammenmischen. An dieser Komposition brauchen Sie nur zu riechen – und Ihre Sinne werden wieder hellwach.

Notfalltropfen gegen Katzenjammer

Zutaten: *30 Tropfen Johanniskrautöl • 20 Tropfen Kamillenöl • 10 Tropfen Basilikumöl • 1 Prise Cayennepfeffer • 1 Zitrone • 1 TL Zucker*
Wenn Sie mal so richtig die Depression überfällt, hilft dieses Rezept: Mischen Sie Johanniskrautöl, Kamillenöl, Basilikumöl und Cayennepfeffer. Pressen Sie die Zitrone aus, gießen Sie heißes Wasser darauf. Nehmen Sie 1 Teelöffel Zucker, und geben Sie 10 Tropfen der Notfallmischung darauf. Verrühren Sie den Zucker mit der heißen Zitrone, und trinken Sie die Mischung.

Eine kleine Hilfe gegen Hautprobleme

Zutaten: *1 Zitrone • 1 Orange • Heilwasser*
Vermischen Sie den Saft von 1 ausgepressten Zitrone und die Orange mit etwa Heilwasser. Gegen fettige Haut, Pickel und Mitesser wenden Sie diese Mischung regelmäßig über 4 Wochen an.

Spaghettini für ein langes Leben

Nudeln bestehen aus den Grundlagen unserer Nahrung, aus Getreide, Wasser und Salz. Daher stehen sie auch sinnbildlich für das Leben – und lange Nudeln für ein besonders langes Leben.

Zutaten (für 4 Personen): *100 g Schwarzwälder Schinken (in dünnen Scheiben) • 500 g reife Tomaten 150 g entsteinte schwarze Oliven • 3 Knoblauchzehen 1 große rote Chilischote • einige Stängel Petersilie 250 g Spaghettini • Salz • 7 EL Olivenöl • 1 EL eingesalzene Kapern*

1 Befreien Sie den Schinken vom Fettrand, und schneiden Sie ihn dann in feine Streifen. Ziehen Sie die Tomaten ab, und würfeln Sie sie. Halbieren Sie die Oliven, ziehen Sie den Knoblauch ab, und zerdrücken Sie ihn. Halbieren Sie die Chilischote, und entfernen Sie die Trennwände und die Kerne ganz oder teilweise. Waschen Sie die Schoten, und schneiden Sie sie in feine Streifen. Waschen und hacken Sie die Petersilie.

2 Kochen Sie die Spaghettini in reichlich Salzwasser knapp bissfest, gießen Sie sie ab, und lassen Sie sie kurz abtropfen. Vermischen Sie sie mit 1 Esslöffel Öl.

3 Das restliche Öl erhitzen Sie in einer großen beschichteten Pfanne. Braten Sie darin den Schinken und die Chilischote bei schwacher bis mittlerer Hitze an, bis der Schinken glasig und leicht gebräunt ist.

Mischungen ätherischer Öle eignen sich besonders gut für unterwegs, da sie ganz leicht aus einem Fläschchen heraus angewendet werden können.

4 Fügen Sie die Spaghettini und den Knoblauch dazu, und lassen Sie sie leicht bräunen. Mischen Sie die Oliven, die Kapern und die Tomaten unter, und erhitzen Sie alles unter ständigem Rühren. Servieren Sie das Gericht mit der Petersilie bestreut.

Frühjahrskur mit Löwenzahn

Das »Unkraut« Löwenzahn besitzt einen besonders hohen Nährwert. Die jungen Blätter als Salat angerichtet, enthalten viele Vitamine und entschlacken. Sie können ihn selbst sammeln oder auch in Gemüseläden kaufen. Die richtige Pflanze für den Frühjahrsputz des Körpers.

Das angebliche »Unkraut« Löwenzahn gehört zu den gesündesten und köstlichsten Grünpflanzen für den Salat.

Zutaten (für 4 Personen)
Salat: 300 g Löwenzahn • 1 Schalotte • 2 Zweige Salbei • 5 EL Olivenöl • 100 ml Gemüsefond (Glas) 3 EL Balsamicoessig • 2 TL körniger Senf • Salz, Pfeffer aus der Mühle
Croûtons: 200 g Roquefort oder Gorgonzola 50 g weiche Butter • einige Stängel Petersilie • Salz, frisch gemahlener weißer Pfeffer • 8 Scheiben französisches Landbrot

Löwenzahn gehört zu den magischen Kräutern, die Fähigkeiten wie das Hellsehen fördern, einen wachen Geist machen und die richtigen Worte eingeben.

1 Putzen, waschen und trocknen Sie den Löwenzahn. Schneiden Sie ihn ganz fein, und geben Sie ihn in eine Schüssel.

2 Ziehen Sie die Schalotte ab, und zerkleinern Sie sie sehr fein. Waschen und trocknen Sie den Salbei, zupfen Sie die Blättchen von den Stielen, und schneiden Sie sie in Streifen. Braten Sie diese Zutaten mit 1 Esslöffel heißem Öl an, bis die Schalotte glasig ist. Geben Sie sie zum Löwenzahn dazu. Nehmen Sie die Pfanne von der Kochstelle. Löschen Sie für das Dressing den Bratfond mit dem Gemüsefond ab. Rühren Sie den Essig und den Senf unter.

3 Lassen Sie das Dressing etwas abkühlen. Schlagen Sie das restliche Öl mit einem Schneebesen unter, und gießen Sie es über den Löwenzahn. Mischen Sie den Salat, schmecken Sie ihn mit Pfeffer und Salz ab, und lassen Sie ihn bei Zimmertemperatur ziehen, bis die Knusperbrote fertig sind.

4 Heizen Sie den Backofen auf 250 °C (Umluft 220 °C, Gas Stufe 6) vor. Zerdrücken Sie den Käse mit einer Gabel. Waschen, trocknen und hacken Sie die Petersilie. Vermischen Sie beides mit der Butter, wenig Salz und 1 kräftigen Prise Pfeffer, und streichen Sie es auf die Brotscheiben.

5 Legen Sie die Scheiben nebeneinander auf ein Backblech, und backen Sie sie im heißen Backofen auf der mittleren Schiene etwa 10 Minuten, bis der Käse leicht gebräunt ist. Servieren Sie die Brote heiß zum Salat.

Ein Auflauf gegen Nervosität und Aufregung

Die Zutaten zu diesem Auflauf sind allesamt ausgesucht, um die innere Ruhe wiederherzustellen. Kreuzkümmel und Koriander sind gut gegen Verkrampfungen, Tomaten, Erbsen und Möhren sind Vitaminbomben

Kaufen Sie nicht den riesigen Löwenzahn zum Kochen, sondern suchen Sie selbst auf der Wiese nach jungem Löwenzahn, der gerade ein winziges Stückchen aus der Erde herausschaut. Größerer Löwenzahn ist nicht mehr genießbar, weil viel zu bitter.

und liefern so Energie, Stärke und ein kräftiges Immunsystem. Nehmen Sie zu diesem Auflauf einen Käse, der lange gereift ist, er hat so die ganze Kraft der Erde gespeichert und gibt sie nun an Sie weiter.

Zutaten (für 4 Personen): *2 Sesamvollkornbrötchen (ca. 90 g) • 500 g gemischtes Gemüse (Porree, Sellerie, rote und grüne Paprikaschoten) • 100 g Champignons 2 Zwiebeln • 1 Knoblauchzehe • 2 EL Pflanzenöl 1/2 unbehandelte Zitrone • 2 EL Gemüsebrühe 1/2 Paket Tiefkühlerbsen und -möhren (150 g) 200 g Emmentaler • 2 runde Tomaten • 2 Eier • Salz, frisch gemahlener Pfeffer • je 1/4 TL gemahlener Kreuzkümmel und Koriander*

Gebrauchen Sie in der Küche ausschließlich hochwertige Pflanzenöle, z. B. Distel- oder Olivenöl. Diese Öle enthalten viele einfach und mehrfach ungesättigte Fettsäuren und wirken damit einem hohen Cholesterinspiegel entgegen.

1 Weichen Sie die Brötchen in lauwarmem Wasser ein. Putzen, waschen und trocknen Sie das Gemüse, und zerkleinern Sie es: Den Porree schneiden Sie in feine Ringe, den Sellerie in dünne Stifte, die Paprikaschoten in sehr kleine Würfel.

2 Waschen Sie die Pilze, und hacken Sie sie grob. Ziehen Sie die Zwiebeln und den Knoblauch ab, und zerkleinern Sie beides ganz fein.

3 Erhitzen Sie das Öl in einer großen Pfanne. Braten Sie das zerkleinerte Gemüse mit Zwiebeln und Knoblauch darin portionsweise bei starker bis mittlerer Hitze unter Rühren jeweils ca. 3 Minuten an, und geben Sie es in eine große Schüssel.

4 Reiben Sie die Zitronenschale ab, und stellen Sie sie auf einem Teller beiseite. Pressen Sie den Saft aus, und kochen Sie ihn mit der Brühe auf. Darin kochen Sie die Erbsen und Möhren ebenfalls einmal kräftig auf. Geben Sie alles zum angebratenen Gemüse, und lassen Sie es abkühlen, bis es nur noch lauwarm ist.

5 Reiben Sie den Käse, ziehen Sie die Tomaten ab, und schneiden Sie sie in Scheiben.

6 Nehmen Sie die Brötchen aus dem Einweichwasser, drücken Sie sie gut aus, und zerpflücken Sie sie mit einer Gabel. Geben Sie die Brötchen zum Gemüse. Vermischen Sie die Eier, die 1/2 Käsemenge, die Zitronenschale, Salz, Pfeffer, Kreuzkümmel und Koriander mit dem Gemüse wie bei einem Frikadellenteig. Füllen Sie die Masse in eine Gratinform, belegen Sie sie mit Tomatenscheiben, und streuen Sie den Käse darüber.

7 Stellen Sie den Auflauf in den kalten Backofen auf die mittlere Schiene, und backen Sie ihn bei 200 °C (Umluft 180 °C, Gas Stufe 3–4) etwa 40 Minuten. Reichen Sie Salat dazu.

Kohlrouladen für das Blut

Bulgur ist eine Art Weizengrütze, die Sie hauptsächlich in türkischen Märkten erhalten. Kohl hilft vor allem gegen Schlaganfälle und Bluthochdruck. Durch die Kombination von beidem, Bulgur und Kohl, reinigen Sie Ihr Blut von Schlacken und beruhigen es. Es gibt auch die Vermutung, dass dadurch die Produktion bestimmter Hormone angekurbelt wird.

Zutaten (für 6 Personen): *200 g Vollkornbulgur*
400 ml Gemüsefond (Glas) oder Gemüsebrühe
600 g Tomaten • 1 Zwiebel • je 1 Bund Schnittlauch und Petersilie • 80 g Bergkäse • Salz, frisch gemahlener Pfeffer • geriebene Muskatnuss • 1 Weißkohl (ca. 1 kg) 2 EL Öl • 150 g Sahne • 1 TL Mehl

1 Spülen Sie für die Füllung den Bulgur auf einem Sieb heiß ab, verrühren Sie ihn mit dem Fond oder der Brühe, und lassen Sie ihn 10 Minuten zugedeckt quellen.

2 Ziehen Sie die Tomaten ab, und schneiden Sie sie in kleine Würfel. Ziehen Sie die Zwiebel ab, hacken Sie sie, und zerkleinern Sie den Schnittlauch und die Petersilie. Reiben Sie den Käse.

Jodsalz statt einfachem Kochsalz: Da große Teile Deutschlands als Jodmangelgebiet gelten, sollten Sie in Ihrer Küche ausschließlich jodiertes (eventuell auch mit Fluorid versetztes) Speisesalz verwenden. Damit schützen Sie sich vor Mangelerscheinungen der Schilddrüse, z. B. einem Kropf.

3 Mischen Sie die Bulgurmischung mit 1/3 der Tomatenwürfel, der Hälfte der Kräuter, der Hälfte des Käses, mit Salz, Pfeffer und Muskat.

4 Putzen Sie den Weißkohl, entfernen Sie die welken Blätter und den Strunk. Lassen Sie den ganzen Kohlkopf in sprudelnd kochendem Wasser 5 bis 6 Minuten kochen, bis die äußeren Blätter so weich sind, dass man sie ablösen und leicht aufrollen kann. Nehmen Sie den Kohl heraus, und lösen Sie 12 Blätter ab.

5 Geben Sie den Kohlkopf wieder in das kochende Wasser, und lassen Sie ihn weitere 5 Minuten garen. Nehmen Sie ihn heraus, lassen Sie ihn abtropfen, halbieren Sie ihn, und schneiden Sie die Reste des Strunks heraus. Zerkleinern Sie den Kohl, und mischen Sie ihn unter den Bulgur.

6 Schneiden Sie die dickeren Rippen der abgelösten Kohlblätter flach ab, und breiten Sie die 6 größeren Blätter nebeneinander auf der Arbeitsfläche aus. Die restlichen 6 Kohlblätter legen Sie darauf. Würzen Sie mit Salz. Verteilen Sie die Füllung auf den Kohlblättern, schlagen Sie die Blätter an den Seiten ein, rollen Sie sie wie Rouladen auf, und binden Sie Küchengarn darum.

7 Erhitzen Sie Öl in einem Schmortopf, und braten Sie die Kohlrouladen darin bei mittlerer Hitze braun an.

8 Geben Sie die restlichen Tomatenwürfel und 1/8 Liter Wasser dazu. Stellen Sie die Rouladen im offenen Schmortopf in den kalten Backofen auf die untere Schiene, schalten Sie den Ofen auf 190 °C (Umluft 170 °C, Gas Stufe 3), und lassen Sie die Rouladen etwa 30 Minuten garen.

9 Nehmen Sie die Rouladen heraus, und legen Sie sie in eine flache Gratinform. Bestreuen Sie sie mit dem restlichen Käse, schieben Sie sie wieder in den Backofen, und überbacken Sie sie, bis der Käse gebräunt ist.

Gehen Sie am nächsten Samstag doch einmal zum türkischen Supermarkt in Ihrer Stadt. Bewundern Sie die Vielfalt des Obst- und Gemüseangebots (und die niedrigen Preise). Bei der Gelegenheit können Sie gleich den Bulgur für nebenstehendes Rezept mitnehmen.

10 Gießen Sie die Flüssigkeit in einen kleinen Topf um. Verrühren Sie Sahne mit dem Mehl, und geben Sie alles zu der Schmorflüssigkeit. Lassen Sie die Sauce unter Rühren auf- und bei starker Hitze einkochen. Umgießen Sie die Kohlrouladen mit der Sauce, und bestreuen Sie sie mit den restlichen Kräutern.

Kamut erhalten Sie in gut sortierten Reformhäusern und Bioläden.

Das Korn der Kleopatra für den Weg nach innen

Dieses Korn, das Kamut, wurde zuerst in den Pyramiden und in den Gräbern ägyptischer Pharaonen gefunden. Es wird auch die Seele der Erde genannt. Auf jeden Fall ist es eine ganz besondere Getreidesorte, die ideal für einen meditativen Weg ist. Kombiniert mit Tomaten und Basilikum, stellt sie ein absolut königliches Mahl dar für gute Inspiration und perfektes Visualisieren.

*Zutaten (für 4 Personen): 250 g Kamutkörner • Salz
2 reife Tomaten • 1 Zwiebel • 1 Bund Basilikum
2 EL Olivenöl • 1 Paket Tiefkühlsuppengemüse (450 g)
100 g Crème fraîche • frisch gemahlener Pfeffer*

1 Übergießen Sie das Kamut mit 1/2 Liter Wasser, und lassen Sie es eine Stunde quellen. Geben Sie Salz dazu, kochen Sie das Kamut auf, und lassen Sie es zugedeckt bei schwächster Hitze 1 Stunde lang garen.

2 Ziehen Sie die Tomaten ab, und würfeln Sie sie. Ziehen Sie die Zwiebeln ab, und hacken Sie sie. Waschen und trocknen Sie das Basilikum, zupfen Sie die Blätter ab, und schneiden Sie sie in feine Streifen.

3 Erhitzen Sie das Öl in einer Pfanne. Braten Sie die Zwiebeln darin glasig an. Geben Sie die Tomatenwürfel, das Suppengemüse, Kamut und Crème fraîche dazu, und kochen Sie alles auf.

4 Garen Sie alles zugedeckt bei schwacher Hitze etwa 10 Minuten, bis das Gemüse weich ist. Geben Sie Basilikum zu, und schmecken Sie mit Salz und Pfeffer ab.

Rezepte für Hexenfeste

Wenn Hexen feiern, gehört ein bodenständiges Essen unbedingt dazu. Denn nach dem Ritual ist es dringend nötig, wieder auf den Boden der Tatsachen zu kommen. Das richtige Essen erdet und gibt die Kraft, die eingesetzt wurde, wieder zurück. Und nicht zuletzt der Hexenwein gehört dazu: Er wird während des Rituals genossen, er vertieft die Intuition und fördert die Verbundenheit zu den göttlichen Energien.

Hexen sind keine Aliens vom anderen Stern, sie sind keine hässlichen Wurzelweiblein mit der schwarzen Katze auf der Schulter, sondern ganz normale Frauen mit vielen kulinarischen Vorlieben.

Was echte Hexen gerne mögen

Ob Torte oder Tee, Kuchen oder Wein – auch Hexen haben ihre kulinarischen Vorlieben. Hier erfahren Sie, was Hexen wirklich mögen.

Sabbatkuchen

Der Sabbatkuchen ist eine Hexenspeise mit jahrhundertealter Tradition. Er hat einen festlichen, intensiven Geschmack und wird laut Überlieferung an den Hexenfeiertagen serviert.

Zutaten: *150 g Weizenmehl • 125 g Hafermehl 50 g brauner Zucker • 75 g Butter • je 1 EL Honig, Weißwein und Wasser • je 1 Prise Backpulver, Salz, Kardamon, Zimt und Nelkenpulver*

1 Mischen Sie alle oben angegebenen Zutaten zu einem Teig.

2 Aus dem fertigen Teig formen Sie handflächengroße Küchlein und backen sie im vorgeheizten Backofen bei 220 °C etwa 20 Minuten.

In jeder Frau steckt eine weise Hexe; das Urwissen und die Urkräfte schlummern in uns allen – sie müssen lediglich erweckt werden.

Hexenwein

Hexen trinken zu festlichen Anlässen, speziell zu den hohen Hexenfeiertagen, gerne Rotwein. Abgesehen vom kulinarischen Genuss, steigert Rotwein mit ausgesuchten Zutaten auch die Intuition und die spirituelle Energie. Aus diesem Grund stellen Hexen aus einem normalen Rotwein einen speziellen Kräuterrotwein her.

Zutaten: 1 l Rotwein • 1 TL Kardamon • 1 TL Vanille 1 TL Nelkenblüten • 2 TL gemahlene Gartenkresse 1 Messerspitze Muskatnuss

Mischen Sie die obige Zutaten, kochen Sie sie zusammen kurz auf, und lassen Sie das Ganze wieder abkühlen. Der Kräuterwein sollte 3 Tage gut durchziehen. Anschließend in eine schöne Karaffe füllen.

Mögen Sie Glühwein auf den Weihnachtsmärkten oder Punsch? Dann wird Ihnen auch nebenstehender Hexenwein munden. Kardamom und Vanille geben weihnachtliches Flair, Muskat und Kresse die nötige Schärfe.

Feiertagsräucherung

Diese Mischung ist für Hexenfeiertage eine wirkungsvolle Räucherung. Sie fördert die Intuition und lädt die Götter und Göttinnen in die feierliche Runde ein.

Zutaten: je 1 TL Johanniskraut, Holunderblüten und Weihrauchkörner • 1 Räucherschale • Räucherkohle

Mischen Sie die Zutaten, und zerkleinern Sie sie in einem Mörser. Geben Sie jeweils 1 kleinen Teelöffel voll auf die durchgeglühte Räucherkohle.

Magischer Tee

Der Tee fördert die magischen Fähigkeiten, wenn er täglich von Neumond bis Vollmond getrunken wird.

Zutaten: 3 TL Haferstroh • 1 Zimtstange • 2 TL getrocknete Kirschblätter • 3 TL Eisenkraut

Übergießen Sie diese Mischung mit 1/2 Liter kochendem Wasser, und lassen Sie sie ca. 5 Minuten lang ziehen. Dann trinken Sie den Tee möglichst zügig aus.

Glückskräuter für das Erntedankfest

Das Erntedankfest der Hexen ist am 21. September, kurz vor Herbstanfang. Mit diesem Fest ist nicht nur die Danksagung für einen fruchtbaren Sommer und eine reichliche Ernte verbunden, man kann sich auch Glück und Freude für die Zukunft wünschen.

Zutaten (für 4 Personen): 1 Schalotte • 1 Bund gemischte Kräuter (Rosmarin, Thymian, Salbei, Petersilie) 1 EL Olivenöl • 250 g Hirse • Salz • 50 g Taleggio 50 g Butter • Cayennepfeffer

1 Ziehen Sie die Schalotte ab, und hacken Sie sie fein. Waschen und trocknen Sie die Kräuter, zupfen Sie die Blättchen ab, und hacken Sie alles ganz fein.

2 Erhitzen Sie das Öl in einem Topf. Schwitzen Sie darin die Schalotte, 3/4 der Kräuter und die Hirse bei mittlerer Hitze unter Rühren etwa 2 Minuten an. Geben Sie 1/2 Liter Wasser dazu, salzen Sie, lassen Sie die Hirse aufkochen und etwa 30 Minuten garen.

3 Entrinden Sie den Käse, und schneiden Sie ihn in kleine Würfel. Mischen Sie ihn mit der Butter und den restlichen Kräutern unter die Hirse. Schmecken Sie die Hirse mit Salz und 1 kräftigen Prise Cayennepfeffer ab. Reichen Sie dazu Tomatensalat.

Die bunten Ostereier sind eigentlich Ostara-Eier, d. h. Fruchtbarkeitsgeschenke für die Göttin Ostara. Daneben gab und gibt es auch die Ostaratorte. Wäre das nicht einmal etwas Neues für das nächste Osterfest?

Torte für Ostara

Am 21. März jeden Jahres wird das Fest der Ostara gefeiert. Sie ist die germanische Frühlingsgöttin. Sie bringt die neu erwachende Fruchtbarkeit auf die Erde und wird daher entsprechend gefeiert. Auch die noch heute lebendige Tradition, bunt bemalte Eier an Ostern zu verschenken, hat ihren Ursprung im Fest der Ostara. Diese Torte soll sie willkommen heißen und uns den Frühlingsanfang so süß wie möglich machen.

Diese Torte wird in Süditalien zum Osterfest gebacken. Sie soll den Menschen neues Leben schenken und ein Lächeln auf ihre Gesichter zaubern.

Zutaten

Teig: 200 g Mehl • 50 g Mandeln • 50 g Zucker
abgeriebene Schale von 1/2 Zitrone • 1 Prise Salz
1 Ei • 100 g weiche Butter
Belag: 400 g ungesalzener Ricotta • Saft und Schale
von 1 kleinen unbehandelten Zitrone • 100 g Puderzucker • 2 Eier • Fett für die Form • Mehl zum Aus-
rollen • 1 Eigelb • 1 EL Sahne

Leicht säuerlich und trotzdem süß: Die Osta-ra-Torte mit Zitronenschale weckt die Lebensgeister.

1 Kneten Sie das Mehl mit den Mandeln, dem Zucker, der Zitronenschale, Salz, dem Ei und der Butter zu einem glatten Teig. Kleiden Sie eine Springform mit 2/3 der Teigmenge aus. Den restlichen Teig rollen Sie dünn aus und stellen ihn kühl.

2 Passieren Sie den Ricotta durch ein Sieb. Verrühren Sie ihn mit Zitronensaft und -schale und der Hälfte des Puderzuckers. Schlagen Sie Eier mit dem Rest Puderzucker über einem warmen Wasserbad zu einer dicken Creme auf, und rühren Sie die Ricottacreme unter.

3 Stellen Sie den Teigboden in den kalten Backofen, und backen Sie ihn bei 200 °C (Umluft 180 °C, Gas Stufe 3–4) 10 Minuten vor. Streichen Sie den Ricottabelag auf dem Teigboden glatt. Legen Sie die in Streifen geschnittene gekühlte Teigplatte als Gitter darauf. Verrühren Sie das Eigelb mit der Sahne, und bestreichen Sie das Teiggitter.

4 Stellen Sie die Torte wieder in den Backofen auf die untere Schiene, und backen Sie sie bei 160 °C (Umluft 140 °C, Gas Stufe 1–2) etwa 50 Minuten.

Die Licht-und-Liebe-Creme

Diese Speise wirkt wie eine Reinigung von innen. Joghurt und frisches Obst fördern die spirituelle Energie. Sie gehen gestärkt und inspiriert in das Ritual.

Zutaten (für 4 Personen): 1 Zitrone • 300 g Magerjoghurt • 1 Päckchen Sahnepuddingpulver • 75 g Zucker 1 EL Vanillezucker • 1 Prise Salz • 3 reife Pfirsiche 4 EL Cassis (Schwarzer-Johannisbeer-Likör) oder Orangenlikör • 200 g Sahne • 2 EL Raspelschokolade

1 Waschen Sie die Zitrone. Reiben Sie die Schale zu 1/3 fein ab. Pressen Sie den Saft aus, und verrühren Sie ihn mit dem Joghurt. Geben Sie Puddingpulver, Zitronenschale, Zucker, Vanillezucker und Salz dazu. Alles gründlich miteinander verrühren.

2 Erhitzen Sie den Joghurt unter ständigem Rühren, und lassen Sie ihn aufkochen, bis er dick wie Pudding ist. Geben Sie ihn in eine Schüssel, und lassen Sie ihn unter häufigem Umrühren abkühlen.

3 Ziehen Sie die Pfirsiche ab, halbieren und entsteinen Sie sie, und schneiden Sie sie in Stücke. Geben Sie sie in eine Schüssel, und beträufeln Sie sie mit dem Likör.

4 Schlagen Sie die Sahne steif, und ziehen Sie sie unter die Joghurtcreme. Geben Sie die Creme über die Pfirsiche, und stellen Sie das Ganze zugedeckt mindestens 2 Stunden kühl. Servieren Sie die Creme mit Raspelschokolade bestreut.

Frisch, leicht und köstlich – so ist die hier aufgeführte Licht-und-Liebe-Creme. Daran können sich nicht nur Hexen totessen, so frisch und leicht und köstlich ist sie.

Hexenrezepte für den Alltag

Auch ohne speziellen Anlass, einfach nur, um den Alltag zu verschönern und zu intensivieren, gibt es Gutes und Wohlschmeckendes aus der Hexenküche.

Köstliches für jeden Tag

Lassen Sie es sich mit den folgenden Rezepten einfach richtig gut gehen.

Goldhähnchen für jeden Tag

Safran ist das Kraut, das schon immer den Göttern und den Königen geweiht war. Es verleiht eine besonders gute Intuition und verhilft zu spirituellem Wachstum. Es ist das teuerste und wertvollste Gewürz, das es gibt. Aber dafür bringt es uns auch Licht und Liebe. Verwenden Sie immer ganze Safranfäden, sie sind aromatischer und schöner anzuschauen als Pulver.

Zutaten (für 4 Personen): *1 küchenfertiges Brathähnchen (ca. 1,6 kg) • Salz, frisch gemahlener schwarzer Pfeffer • 500 g Flaschentomaten • 2 große Zwiebeln 5 Knoblauchzehen • 200 g ungesüßte Kokoscreme (Dose) • 100 ml Geflügelfond (Glas) • 1 1/2 EL Safranfäden • 3 EL Öl*

1 Waschen Sie das Hähnchen, und lassen Sie es abtropfen. Zerlegen Sie es in 6 Teile, und tupfen Sie es trocken. Reiben Sie es mit Salz und Pfeffer ein. Ziehen Sie die Tomaten ab, und würfeln Sie sie, dabei schneiden Sie den Stielansatz mit heraus. Ziehen Sie die Zwiebeln und den Knoblauch ab, und zerhacken Sie beides grob.

Safran ist das teuerste Gewürz, das auf dem Markt ist. Kein Wunder: Die zarten Fäden müssen einzeln von Hand aus den Blüten gezupft werden.

Zusammen mit Mutti macht das Backen einen Riesenspaß. Schon kleine Mädchen können spielerisch an das Hexenwerk herangeführt werden.

2 Kochen Sie die Kokoscreme zusammen mit dem Fond auf. Zerreiben Sie die Safranfäden zwischen den Fingern, geben Sie sie zur Kokoscreme dazu, damit sie sich unter Rühren auflösen können.

3 Erhitzen Sie das Öl in einem Bräter. Lassen Sie die Hähnchenstücke darin portionsweise bei mittlerer Hitze braun braten, und nehmen Sie sie wieder heraus.

4 Braten Sie die Zwiebeln und den Knoblauch im Fett unter Rühren glasig an.

5 Legen Sie die Hühnerstücke auf die Zwiebeln. Verteilen Sie die Tomaten darüber, und würzen Sie kräftig mit Salz. Gießen Sie nun die Kokoscreme an.

6 Bringen Sie alles zum Kochen, und lassen Sie es etwa 4 Minuten garen. Schmoren Sie das Fleisch zugedeckt bei mittlerer bis schwacher Hitze etwa 50 Minuten.

7 Nehmen Sie das Fleisch heraus, und halten Sie es in einer vorgewärmten Schüssel warm.

8 Kochen Sie die Kokosmilch unter Rühren bei starker Hitze dick ein. Schmecken Sie mit Salz und Pfeffer ab. Dazu reichen Sie Fladenbrot mit Sesam und Salat.

»Du musst verstehn!
Aus Eins mach Zehn,
Und Zwei lass gehn,
Und Drei mach gleich,
So bist Du reich.
Verlier die Vier!
Aus Fünf und Sechs;
So sagt die Hex ...

Tomatenreis für pralles Leben

Wie Getreide, so ist auch Reis ein Grundnahrungsmittel. In asiatischen Regionen gilt Reis als Geschenk des Himmels. Die Reisernte ähnelt oft einem festlichen Ritual. Reis steht symbolisch für Reichtum und Sattheit. Gönnen wir uns also diesen Reis im Bewusstsein, mit jedem Reiskorn ein Stück pralles Leben in uns aufzunehmen.

Zutaten (für 4 Personen): 1 Zwiebel • 200 g Tomaten
1 kleine Dose Tomatenmark (70 g) • 300 g Lammschulter (ohne Knochen) • 5 El Öl • je 1/2 TL Zimtpulver und Safranfäden • Salz, frisch gemahlener Pfeffer
400 g Langkornreis • einige Stängel gemischte Kräuter (z. B. Petersilie, Minze, Kerbel, Salbei)

1 Würfeln Sie die Zwiebel, ziehen Sie die Tomaten ab, zerdrücken Sie sie, und verrühren Sie sie zu Tomatenmark. Schneiden Sie das Fleisch in 1 Zentimeter große Stücke.

2 Erhitzen Sie in einer Pfanne 4 Esslöffel Öl. Braten Sie das Fleisch darin kräftig braun an. Geben Sie die Zwiebel dazu, und lassen Sie sie glasig braten. Mischen Sie das Tomatenpüree, den Zimt, den Safran, Salz und Pfeffer unter. Bedecken Sie alles mit Wasser, und lassen Sie es aufkochen (30 Minuten zugedeckt garen). Kochen Sie den Reis in reichlich Wasser 5 Minuten lang.

3 Erhitzen Sie das Öl in einem Topf, und nehmen Sie den Topf dann von der Kochstelle. Füllen Sie den Reis und das Fleisch mit der Flüssigkeit schichtweise ein.

4 Setzen Sie den Topf wieder auf die Kochstelle, umwickeln Sie den Topfdeckel fest mit einem Küchentuch, und drücken Sie ihn fest auf den Topf. Lassen Sie den Reis so weitere 30 Minuten bei schwacher Hitze garen.

5 In der Zwischenzeit hacken Sie die Kräuter ganz fein. Servieren Sie den Reis mit diesen Kräutern bestreut.

. . . Mach Sieben und Acht; So ist's vollbracht: Und Neun ist Eins, Und Zehn ist Keins. Das ist das Hexen-Einmaleins!« (J. W. von Goethe: Faust I)

Wenn Sie zu dem Tomatenreis Vollkornreis verwenden möchten, empfiehlt es sich, den Reis vorher etwa eine Stunde in kaltem Wasser einzuweichen, damit er nach dem Kochen körnig bleibt und weniger zusammenklebt.

Tarotkarten – Spiegel der Erwartung

Wenn Sie wissen wollen, wie günstig die Zeichen für den Erfolg Ihres Hexenrezepts stehen, können Sie die Karten befragen. Tarotkarten dienen als Ratgeber und zeigen Gefahren und Entwicklungsmöglichkeiten auf.

Vorbereitung

Bevor Sie sich mit Tarotkarten einlassen, sollten Sie herausfinden, welche Karten mit ihrer speziellen Symbolik Sie am besten ansprechen. Die folgenden Interpretationen beziehen sich auf die Crowley-Tarotkarten, können aber genauso gut auch für andere Tarotkarten Ihrer Wahl gelten. Für eine kleine Kartenlegung wählen Sie am besten die 22 Trumpfkarten der Großen Arkana.

▶ Mischen Sie die 22 Karten richtig durch.

▶ Konzentrieren sich dabei auf das, was Sie mit Ihrem Rezept erreichen wollen.

▶ Machen Sie drei Stapel.

▶ Legen Sie die Stapel wieder zusammen, und mischen Sie erneut.

▶ Wiederholen Sie diesen Vorgang dreimal.

▶ Dann breiten Sie die Karten fächerförmig auf einem Tisch aus.

▶ Ziehen Sie dann mit der linken Hand eine Karte, und decken Sie sie auf.

Bedeutung der Karten

0 = DER NARR: Er symbolisiert Mut und ermutigt Sie, furchtlos vorzugehen. Selbst ungewöhnliche Pläne stehen unter einem guten Stern.

1 = DER MAGIER: Er unterstützt Aussprache und Kommunikation. Unter seinem Zeichen sollten Sie Dinge ansprechen, die lange ungesagt blieben, und die Meinung anderer akzeptieren.

2 = DIE HOHEPRIESTERIN: Sie unterstützt Ihre innere Ausgeglichenheit und gute Intuition. Sie können sich jetzt auf jeden Fall auf Ihr Bauchgefühl verlassen.

3 = DIE KAISERIN: Sie steht entweder für eine mütterliche Person auf Ihrer Seite oder zeigt an, dass Sie selbst diese Rolle übernehmen sollten.

4 = DER KAISER: Er signalisiert einen Neubeginn, der Erfolg verspricht. Trotzdem sollten Sie Ihre Kräfte bewusst einteilen.

5 = DER HOHEPRIESTER: Er leitet Sie spirituell durch den Tag und ermöglicht Ihnen besondere Kreativität.

6 = DIE LIEBENDEN: Die beiden zeigen an, dass eine partnerschaftliche Verbindung vor einer wichtigen Entscheidung steht.

7 = DER WAGEN: Ein turbulenter Tag mit guten Erfolgsaussichten ist angesagt. Der Wagen symbolisiert den Wechsel zum Guten mit viel Energie und Stärke.

8 = AUSGLEICHUNG (DIE KRAFT): Unternehmen Sie heute nichts, sondern sammeln Sie Energie, und nutzen Sie die Kraft der Balance.

9 = DER EREMIT: Er ermahnt Sie dazu, das zu Ende zu bringen, was angefangen wurde. Aber teilen Sie Ihre Kräfte ein.

10 = GLÜCK (DAS RAD DES SCHICKSALS): Völlig egal, was Sie anpacken und verändern wollen, es wird Ihnen sicher gelingen.

11 = LUST (DIE GERECHTIGKEIT): Diese Karte bedeutet ein großes Maß an Freude und Leidenschaft. Die Zeit ist sehr günstig, um Ihre Ziele lustvoll zu erreichen.

12 = DER GEHÄNGTE: Hüten Sie sich vor Depression und Enttäuschung, und stellen Sie die Dinge einfach einmal auf den Kopf.

13 = DER TOD: Er mahnt und hilft, Altes loszulassen und sich neu zu orientieren. Ein neuer Abschnitt in Ihrem Leben beginnt.

14 = DIE KUNST: Sie bedeutet viel kreative Kraft, die Sie nutzen sollten. Lassen Sie Ihrer Phantasie freien Lauf.

15 = DER TEUFEL: Gehen Sie pfiffig mit Schwierigkeiten um, und entdecken Sie das Kind in Ihnen. Mit dieser Karte dürfen Sie über die Stränge schlagen.

16 = DER TURM: Ehrliche Selbsterkenntnis ist angesagt. Alles Alte wird zerstört, aber der Turm hilft Ihnen auch, neue Pläne und Strategien zu finden.

17 = DER STERN: Er steht für klare Visionen. Hören Sie auf Ihre innere Stimme, aber schrauben Sie die Erwartungen nicht zu hoch. Die Zeit wird für Sie arbeiten.

18 = DER MOND: Konzentrieren Sie sich auf Ihre innere Mitte, denn mit dem Mond kommen Irrwege und Versuchungen auf Sie zu.

19 = DIE SONNE: Alle Vorhaben erfahren die günstigsten Bedingungen. Die Sonne bringt neuen Schwung und strahlende Impulse, auch in Ihre Liebesbeziehungen.

20 = DAS AEON (DAS GERICHT): Alles, was lange halten soll, wird begünstigt. Aber zeigen Sie Offenheit, und prüfen Sie sich selbst kritisch.

21 = DAS UNIVERSUM (DIE WELT): Mit dieser Karte ist die Welt im Einklang mit Ihnen. Bei der Umsetzung Ihrer Pläne und Absichten heißt das: Nichts kann schief gehen.

Die Hexenkräuterküche

»Gegen alles ist ein Kraut gewachsen« – das weiß der Volksmund zu berichten. Allerdings wissen die Hexen meist am besten, welches Kraut denn nun notwendig oder angezeigt ist. »Kräuterweiblein« war daher ein verniedlichender Name für Hexen, die über viel Wissen in diesem Bereich verfügten.

Im folgenden Kapitel erfahren Sie eine Menge über einzelne Kräuter und deren Wirkung. Nutzen Sie dieses Wissen für Ihre Absichten. Gebrauchen Sie die Macht der Kräuter – und werden Sie zur Hexe.

Kräuter und Planzen für die Liebe

Engelwurz

Der betörende Duft der Engelwurz, seiner Blätter und Blüten animierte schon von alters her die Parfumeure zu aufregenden Duftkompositionen. Engelwurz gilt als Aphrodisiakum, die Pflanze wirkt extrem anregend und stimulierend.

Petersilie

Dieses anregende Kraut sollte in keinem Liebesmahl fehlen. Es schmeckt nicht nur gut, es regt alle Sinne an und gibt frischen Atem.

Pfeffer

Pfeffer schmeckt nicht nur in der Suppe und am Braten, er würzt auch die Liebe. Ätherisches Pfefferöl sollte als Zutat für Liebesöle und -parfums nicht fehlen.

Die Kräuterkunde ist das Verbindungsglied zwischen alter Magie der Zauberer und Hexen und neuzeitlicher Pharmazie und Heilkunde. Besonders durch die Naturheilkunde wurde altes Wissen wieder gehoben und aktualisiert.

Wer einen Garten sein Eigen nennen kann, sollte viele Kräuter anpflanzen. So haben Sie für jede Gelegenheit die richtigen magischen Gewürze schnell und frisch zur Hand.

Liebstöckel

Eines unserer bekanntesten Gewürze, meist als Maggikraut bekannt, fehlt Liebstöckel in keiner Suppe. Hier
stimmt der Spruch: »Liebe geht durch den Magen« auf
jeden Fall. Liebstöckel vermittelt ein wärmendes, woh-
liges Gefühl.

Apfel

In den Sagen der verschiedensten Länder und Kulturen
spielt der Apfel immer wieder eine zentrale Rolle, und
immer hat er etwas mit Liebe und Lebenskraft zu tun.
Der Apfel ist das Symbol für Liebe schlechthin. Backen
Sie Ihrem Liebsten einen Apfelkuchen, und Sie haben
ihn für sich eingenommen.

Kräuter für die Gesundheit

Kamille

Man kann Kamille als Tee trinken, aber auch rauchen
oder schnupfen. Sie hat eine angenehm entspannende
Wirkung, hauptsächlich für die Haut und die Bronchien.
Kamillentonikum wird auch gerne zur Wundbehand-
lung und bei Magenverstimmungen eingesetzt.

Salbei

Eine Heilpflanze, der man nachsagt, sie könne das Al-
tern verhindern. Mit Salbei kann man sehr gut Erkäl-
tungskrankheiten, Husten und Verdauungsstörungen
lindern. Auch bei Menstruationsbeschwerden hilft ein
Salbeitee, die Muskeln zu entspannen.
In der Magie wird Salbei vielfach zum Ausräuchern von
Räumen, zur Vertreibung böser Geister und fremder,
negativer Energien eingesetzt.

»An apple a day, keeps the doctor away.« Bei den Äpfeln mischt sich Volksheilkunde mit medizinischer und ernährungsphysiologischer Erkenntnis. Äpfel sind gesunde und hochwirksame Heil- und Genussmittel.

Lavendel

In früheren Zeiten, als die Menschen noch nichts vom täglichen Duschen oder von Abwasserkanälen unter der Erde wussten, wurde Lavendel vielfach eingesetzt, um schlechte Gerüche zu vertreiben. Er wurde sowohl als Parfum als auch im Haushalt eingesetzt.

Lavendel besitzt zudem eine antiseptische Wirkung. Sein ätherisches Öl kann gegen Infektionen und Entzündungen lindernd eingesetzt werden. Zudem hilft er hervorragend gegen Angstzustände, Depressionen und Schlaflosigkeit.

Fenchel

Eine der ältesten Kulturpflanzen überhaupt, ihr Genuss stärkte schon die römischen Gladiatoren und wurde von Frauen als Schlankmacher gegessen. Jeder Teil dieser Pflanze kann gegessen werden, von der Wurzel bis zur Blüte. Im Mittelalter wurde Fenchel auch zur Ausräucherung von Ställen – gegen Geister – verwendet.

Frauenmantel

Der botanische Name »Alchemilla vulgaris« wurde von »Alchemie« abgeleitet und bedeutet so viel wie kleiner Zauber. Hauptsächlich für Frauen ist dieses Kraut ein Zaubermittel. Es erleichtert und reguliert die Menstruation und die Menopause.

Minze

Dieses erfrischende Kraut galt in der Antike als Symbol der Gastfreundschaft. Man rieb z. B. den Esstisch vor dem Eintreffen der Gäste mit Minze ab. Der Duft der Minze vertreibt schlechten Atem und hilft bei Erkältungen, Migräne und Muskelschmerzen.

Hexen besitzen bis heute noch den alten Schatz an Kräuterwissen, den sie für ihre Rezepturen einsetzen. So ist zweifelsfrei erwiesen, dass Frauenmantel zu den besten Heilkräutern bei Frauenleiden aller Art gehört.

Baldrian

Er wirkt als Beruhigungsmittel und hilft bei Depressionen, Migräne und Muskelkrämpfen. Weniger bekannt ist, dass Baldrian eine oft benutzte Basisnote für Parfums ist.

Geißblatt

Als Aufguss oder Sirup hilft er gegen Husten und Asthmaanfälle. Er hilft bei Verdauungsstörungen und bei Kopfschmerzen. Vorsicht, bei zu intensivem Genuss kann er auch Erbrechen verursachen!

Kräuter für Glück und Erfolg

Bergamotte

Diese Zitrusart ist besonders anregend. Kaum ein Parfum kommt ohne sie aus. Das ätherische Öl der Bergamotte wirkt konzentrationsfördernd und inspirativ. Mit diesem Duft in der Nase kann Ihnen alles gelingen.

Das heilige Kraut aller Hexen ist das Eisenkraut. Sie erhalten es in Reformhäusern, Bioläden und gut sortierten Kräuterläden.

Zitronenmelisse

Die frischen Blätter helfen bei Mückenstichen und bei kleineren Wunden. Als Tee aufgegossen, schmecken sie unvergleichlich zitronig und hellen die Stimmung auf. Früher galt die Zitronenmelisse als Lebenselixier, das die Jugend zurückbringt. Sie war der Diana geweiht.

Eisenkraut

Es ist das heilige Kraut der Hexen. Es darf auf keinem Altar fehlen. Im alten Ägypten wurde es als die Träne der Isis bezeichnet. Eisenkraut unterstützt magische Fähigkeiten und Handlungen. Es fördert die Intuition und wirkt beflügelnd.

Kräuter für Schutz und Geborgenheit

Weißdorn

Weißdorn wächst zu einer dichten Hecke zusammen und ist ausgesprochen stachlig. Allein schon dieser Tatsache verdankt der Weißdorn seinen Ruf als Schutzpflanze. Auch im Haus oder in der Wohnung, vorwiegend im Flur aufgestellt, gibt er Schutz und lässt schlechte Energien nicht an sich vorbei.

Haselnuss

In der keltischen und in der nordischen Mythologie galt der Haselnussstrauch als Symbol der weiblichen Weisheit und war zuständig für den Schutz und die Abwehr schlechter Energien. Meist wurden Felder und Hausgärten an allen Ecken mit Haselnusssträuchern geschützt. Tatsächlich ist bisher nicht bekannt, dass jemals ein Blitz in einen Haselnussstrauch eingeschlagen hätte. Weiterhin hält er schädliche Erdstrahlen fern.

Farn

Im düsteren Wald verborgen, mit weit ausladenden Blättern, galt der Farn immer als besonders mysteriöse Pflanze. Obwohl keine Blüten oder dergleichen zu sehen waren, vermehrte er sich doch. Der Samen des Farns war daher als hoch magisches Zaubermittel beliebt, und zahlreiche Anweisungen erzählen von der Schwierigkeit, ihn zu bekommen. Farn schützt vor bösen Mächten und wehrt wie der Haselnussstrauch Blitze ab.

Pfeffer

Eine Hand voll schwarzer Pfefferkörner, über der Haustür aufgehängt, hilft gegen das Eindringen schlechter Energien.

Viele Menschen fürchten sich vor Erdstrahlen, Elektrosmog und unbekannten Einflüssen aus der Atmosphäre. Es gibt ein probates Mittel, um negative Energien und Einflüsse von sich und dem ganzen Haus fernzuhalten. Pflanzen Sie in Ihren Garten einen Haselnussstrauch.

Wermut

Ein alter Spruch besagt: »Wermut ist für alles gut.« Das ist auf jeden Fall richtig. Wermut kann als Heilmittel für viele Zwecke eingesetzt werden. Am bekanntesten ist er als magenfreundlicher Likör, aber alte Überlieferungen erwähnen ihn auch als Schutz gegen Geister, als Mittel gegen Alpträume oder als Liebeskraut.

Auch ein kleiner Garten kann als Haus- oder Hexengarten genutzt werden. Sie brauchen nicht unbedingt den sprichwörtlichen »grünen Daumen«, um die wichtigsten Kräuter selbst anpflanzen zu können.

Der Hexengarten

Viele der genannten Pflanzen können Sie selbst anpflanzen und ernten. Sie brauchen dafür keinen großen Garten. Auch auf dem Balkon oder in Blumenkästen lässt sich schon so manches magisches Kraut ziehen, beispielsweise Basilikum, Petersilie, Johanniskraut, Lavendel oder Geranie. Einige der angeführten Pflanzen finden Sie auch als Wildwuchs in der freien Natur, wie z. B. Wacholderbäume, Kamille, Farn und Haselnusssträucher. Wenn Sie in der Bestimmung von Pflanzen noch nicht so geübt sind, empfiehlt sich ein bebilderter Pflanzenkompass mit genauen Beschreibungen der einzelnen Pflanzen.

Pflegetipps

Hier noch zwei weitere Tipps für ein gutes Gedeihen der Hexenkräuter. Erstens: Pflanzen Sie die Samen ein paar Tage nach Neumond, denn genauso wie der Mond zunimmt, werden auch die Pflanzen ihre Saat aufgehen lassen. Der zweite Tipp ist, die Pflänzchen nicht zu viel zu gießen. Wenn sie viel Wasser bekommen, sehen sie zwar möglicherweise schöner aus, aber sie verwässern, und ihre eigenen Wirkstoffe kommen nicht mehr voll zur Geltung.

Die Ernte

Geerntet werden die Kräuter und Blumen entweder nach Bedarf, wie beispielsweise Petersilie oder Basilikum, oder wenn sie ihre volle Reife erreicht haben. Um eine optimale Wirkung zu erzielen, bietet sich die Erntezeit kurz vor oder direkt an Vollmond an. Zu diesem Zeitpunkt sammeln sich alle Kräfte und Wirkstoffe einer Pflanze in den Blättern und Blüten, sie stehen praktisch in vollem Saft. Zum längeren Aufbewahren der gepflückten Pflanzen müssen diese getrocknet werden. Dazu legt man sie möglichst einzeln auf ein Blech und trocknet sie am besten im Sonnenlicht. Anschließend kann man sie noch in einer Mondnacht auslegen und sie so mit Mondlicht aufladen, damit sie neben ihren eigenen Kräften und der Sonnenenergie auch die magische Kraft des Mondes besitzen.

Besorgen Sie sich ein paar wichtige Bücher über Gartenbau und über Mondphasen, dann wissen Sie schnell, welche Pflanzen Sie zu welchem Zeitpunkt am besten setzen, beschneiden und ernten.

Der große Hexengarten

Je nachdem, ob Sie eine große oder eine kleine Fläche für einen richtigen Hexenkräutergarten zur Verfügung haben, oder ob Sie sich mit einem kleinen Fenstersims begnügen müssen, gibt es ein paar Anregungen, um den vorhandenen Platz optimal auszunutzen.

Im Idealfall haben Sie einen richtig großen Garten und können sich darin nach Belieben austoben. Dann empfiehlt es sich, ein quadratisches Stück abzugrenzen und die Ränder mit aromatischen Kräuterbüschen und Bäumen zu bepflanzen. Dafür eignen sich beispielsweise Haselnusssträucher, ein kleiner Birnbaum, ein Apfelbaum, Brennnesseln.

In die Ecken sollten auf jeden Fall Farnkraut und Lorbeer kommen. In die Mitte gehört eine kleine Pergola mit einer Sitzbank, um die Pracht zu genießen. Rings um die Pergola werden Kräuter wie Fenchel, Salbei, Frauenmantel, Engelwurz, Erdbeeren, Sauerampfer, Bergamotte, Johanniskraut, Eisenkraut, Kamille und Rosen gepflanzt. Arrangieren Sie für jede Pflanzenart ein eigenes quadratisches oder rundes Beet. Am besten, Sie machen sich vorher einen Plan, wie Sie sich selbst die Anordnung vorstellen.

Der kleine Hexengarten

Haben Sie nur eine kleine Gartenfläche zur Verfügung, nehmen Sie eine Auswahl der oben aufgeführten Pflanzen, und setzen Sie diese in Form einer Spirale von außen nach innen. Im Mittelpunkt sollte wieder eine Bank stehen, die Ihnen einen Ruhepunkt bietet. Auf jeden Fall pflanzen Sie an den Rand einen Haselnussstrauch und Farnkraut. Salbei, Johanniskraut, Bergamotte, Eisenkraut, Engelwurz, Kamille und Rosen sind unbedingter Bestandteil des kleinen Kräutergartens.

Der Hexengarten auf dem Balkon

Haben Sie allerdings nur einen kleinen Balkon oder ein Fenstersims zur Verfügung, gehört schon ein wenig Phantasie zur Gestaltung des Hexengartens. Sie können beispielsweise in einen größeren Topf eine Kletterrose pflanzen und dazu ein paar ausgesuchte Kräuter wie Petersilie, Basilikum und Schnittlauch in den Topf geben. Einen Topf mit mediterranen Kräutern wie Estragon, Salbei und Rosmarin stellen Sie daneben. Bepflanzen Sie auch einen Topf mit Zitronenmelisse und einen anderen mit einem kleinen Lorbeerbaum. Im Grunde genommen sind Ihrer Phantasie keine Grenzen gesetzt. Die hier aufgeführten Pflanzen sind nur eine Empfehlung. Am besten ist es immer, wenn Sie das pflanzen, was Sie selbst am liebsten riechen und sehen mögen.

Selbst auf einem kleinen Balkon können die wichtigsten Pflanzen für Ihr Hexendasein gezogen werden. Mit etwas Phantasie und Organisationstalent schaffen auch Sie das!

Gestalten Sie Ihren individuellen Hexengarten so, wie Sie ihn sich vorstellen. Suchen Sie die Pflanzen nach Ihrem Geschmack aus. Die Beschäftigung mit Ihrem Hexengarten wird Sie auch auf einen wunderbaren Weg zurück zur Natur bringen. Sie werden plötzlich feststellen, wie schön es ist, in der Erde zu wühlen und die sanfte Kraft der Pflanzen zu spüren.

Höhlen für Erdgeister

Legen Sie in Ihrem Hexengarten auch einen kleinen Steingarten an, indem Sie zwischen den Kräutern kleine Steinhöhlen bauen. Sie sind Zufluchts- und Wohnorte der Erdgeister. Sie werden sich dort einnisten und nicht nur Ihren Garten, sondern auch Sie selbst und Ihre Familie beschützen. Erdgeister sind ein bisschen eigen und bedürfen der Zuwendung. Sie müssen das Gefühl haben, willkommen zu sein. Ein entsprechender Steingarten mit Höhlen und Nischen zeigt ihnen, dass sie erwünscht sind. Sie geben dann den sie umgebenden Pflanzen ihre Magie ab und beschützen ihr Wachstum. Wenn Sie ein Zeichen möchten, ob wirklich Erdgeister in Ihrem Garten eingezogen sind, lassen Sie einfach etwas Glitzerndes, etwa einen Ring, im Garten liegen. Ist er kurz darauf einfach weg, haben ihn sich die Kobolde und Feen geholt. Sie lieben solche Dinge, weil sie glitzern und blinken und einfach schön sind.

In manchen Kulturen haben Steinhöhlen für Erdgeister eine lange Tradition. In Island ist es üblich, Steingärten zu bauen, da man auf dieser Insel die Geister der Erde auch heute noch sehr verehrt und ihre Arbeit hoch schätzt. Und je mehr die Trolle und Feen der Erde das Gefühl haben, geachtet zu werden, desto mehr geben sie auch von ihren Fähigkeiten an ihre Umwelt und an Sie ab. Sie werden es ihnen 1000fach danken.

»Es gibt mehr Dinge im Himmel und auf Erden, als eure Schulweisheit sich träumt.« (William Shakespeare, »Hamlet«)

Impressum
© 2000 Südwest Verlag,
München, in der Econ
Ullstein List Verlag
GmbH & Co. KG,
München

Redaktion:
Dr. Bertram J. Ganzfelder
Projektleitung:
Dr. Brunex Zatellka
Redaktionsleitung:
Waltraud Lessing
Bildredaktion:
Ute Schoenenburg
Produktion:
M. Metzger (Leitung),
A. Aatz,
Dr. E. Weigele-Ismael
Umschlag:
Heinz Kraxenberger,
München
Layout:
Wolfgang Lehner
DTP:
Niels S. Hemadal
Printed in Italy.
Gedruckt auf chlor-
und säurearmem Papier

ISBN 3-517-08085-3

Über die Autorin

Theas mystischer Weg begann im Alter von 16 Jahren, als sie bei einem schweren Bergunfall lebensgefährliche Verletzungen erlitt. Nach dem Absturz war sie für kurze Zeit klinisch tot, und ihr wurde ein Blick in die jenseitige Welt geschenkt. Diese außerkörperliche Erfahrung veränderte Theas Leben, und ihr wurde bewusst, dass es noch etwas anderes als unser diesseitiges Leben gibt. Durch eine erfahrene Hexe wurde sie über lange Jahre in die alten Mysterien und die Welt der Magie eingeweiht. Nach Abschluss dieser Ausbildung erhielt sie die »Initiation« und darf somit auch selbst andere Menschen in der Kunst der Magie ausbilden.

Sehr viele Menschen haben bereits den Weg zu Thea gefunden. Dabei sind alle Gesellschaftsschichten vertreten, vom Geschäftsmann über Hilfe suchende Hausfrauen bis hin zu prominenten Persönlichkeiten. Es kommen Menschen, die einfach nur neugierig sind, Menschen, die Hilfe brauchen und auch Menschen, die die kosmischen Gesetze des Universums erlernen und verstehen wollen.

Literatur

Theas Hexenkalender 2000. Ludwig Verlag. München 1999
Thea: Kochbuch für Hexen. Ludwig Verlag. München 1999
Thea: Der kleine Hexenkalender 2000. Ludwig Verlag. München 1999

Hinweis

Das vorliegende Buch ist sorgfältig erarbeitet worden. Dennoch erfolgen alle Angaben ohne Gewähr. Weder Autorin noch Verlag können für eventuelle Nachteile oder Schäden, die aus den im Buch gemachten praktischen Hinweisen resultieren, eine Haftung übernehmen.

Bildnachweis

Alle Bilder stammen von Michael Holz (Hamburg), außer: AKG, Berlin: 40, 104; bpk, Berlin: 78; IFA-Bilderteam, München: 116 (Vahl); Image Bank, München: 36 (Yellow Dog Prods), 110 (Britt Erlanson); Südwest Verlag, München: Titel (Dirk Albrecht), 1 (Siegfried Sperl), 50 (Wolfgang Feiler); Tony Stone, München: 8 (Michael Freye), 88 (Uwe Krecei)